Jon Schau
Jons bok 3

ISBN 978-82-690096-3-7
omslag og layout Åsmund Vonheim Seip

Bilder brukt i collage på forsiden:
Flickr/CC/Paul Stocker
Flickr/CC/Aidan Jones

Til Marianne.
Takk for nødvendig motstand som gir tilgang til oppdagelser hver dag.

Takk til Åsmund og Egil-Arne for vennskap som løfter.
Takk til Aurora, Sara og Elias. Fordi dere er til.

Det blir aldri fred i verden så lenge noen skal ha rett.

Jon Schau

Jons Bok 3

Til deg som leser:

Denne boken er egentlig 3 bøker. Jeg har begynt på den 3 ganger, hver gang med helt forskjellig utgangspunkt.

Jeg opplever det slik at det ikke er mulig å sette språk til opplevelse dersom den som leser eller hører, søker det konkrete. Jeg husker min fortvilelse da jeg på 70- og 80- tallet var oppslukt av Star Wars- filmene, og faren min mente at det var «ikke troverdig med lasersverd». Jeg forsøkte å forklare ham at filmene ikke handler om det konkrete- at historien ikke skal få noen til å tro at det fins lasersverd eller svevebiler. Det handler om innlevelse i livene til disse skikkelsene i filmen.

Det var umulig å få ham med på det. Han klarte ikke å se forbi det konkrete, og oppdage den egentlige handlingen. Det menneskelige. Opplevelsen.

Jeg skriver ikke konkret eller logisk. Jeg ønsker å bringe leseren- deg- inn i opplevelsen. At du skal kjenne at dette handler om noe menneskelig levende som lever i deg. At du skal *føle* boken.

Jeg valgte å bringe teksten til deg slik den har oppstått for meg. I 3 deler. Tenk på det som Star Wars 1, 2 og 3. Du får et større innblikk i det universet fra 3 forskjellige utsiktspunkter.

Disse 3 bøkene er altså vinduer inn mot noe som er i deg. Om du kjenner deg igjen, treffer den det levende mennesket som du er og skaper resonans, eller gjenkjennelse. Istedenfor at du har *skjønt noe som jeg vil at du skal skjønne.*

Folk som kjenner meg, vet at jeg bærer med meg en notisbok bestandig. Der er små anekdoter eller idéer, bilder i forbifarten. Jeg tenkte at skitt au, jeg lar det være med også. Så- del 4 er ren bonus.

Jeg har tilogmed tatt med «uplassert, onelinere og restmateriale». Du får det akkurat slik jeg opplevde det. Kanskje henger det ikke sammen, kanskje det ikke er logisk bygget opp. Jeg ønsker å gi deg små innblikk, som til sammen skaper følelsen av noe du kjenner.

Tusen takk for at du leser dette.

Jon

En liten fortelling om aper...

Det var en gang en apestamme som var vettskremte etter å ha blitt angrepet av en flokk løver.

Etterpå var de alle skjønt enige om at de måtte gjøre alt de kunne for å unngå at det skulle skje igjen. De bestemte seg for å bygge et fengsel der de kunne sperre alle de slemme løvene inne.

Da de var ferdige med byggingen, gikk de i gang med å fange løver. De forsto raskt at det ville bli helt umulig å fange alle løver i hele verden. Dessuten ville det faktisk utsette dem for den faren de var ute etter å unngå.

De bestemte seg i stedet for å flytte inn i sitt eget fengsel, så kunne murene beskytte dem mot løvene utenfor. Problemet løst!

De gikk i gang med å gjøre fengselet selvforsynt med alt det de trengte. De gravde en brønn, de pløyde opp åkrer og tok inn dyr de hadde bruk for. Kuer og sauer, griser; snille dyr. Når alt var slik de ville innenfor murene, forseglet de porten og døpte fengselet til «Den hellige freds borg». Deres nye fredelige univers.

De blomstret i sitt nye ufarlige miljø. Så mye at det føltes som et nytt liv. De oppdaget at denne verden der de kunne bestemme hvordan alt skulle være, ikke fulgte naturlovene. Verden var slik de hadde bestemt at den skulle være. Det falt seg derfor helt naturlig å omskrive naturlovene, slik at de passet med det nye universet. De beskrev rett og slett verden på nytt.

Det var åpenbart at mye av den «gamle kunnskapen» kun var relevant for den gamle farlige verden utenfor. Den kunnskapen hadde de ikke lenger bruk for.

De måtte finne opp nye metoder for å håndtere kunnskap. De hadde store mengder informasjon som både skulle samles inn og deretter sorteres. De måtte finne en måte å skille mellom relevant og irrelevant informasjon.

Noen kom på idéen om å dele opp informasjonen etter temaer. Så kunne noen ha ansvar for hvert tema? Man kunne ha noen aper som kunne alt om avgrensede «fagområder»? Det ble enstemmig vedtatt og feiret med en stor fest.

Snart kunne apene kunne langt mer om innsiden av fengselet enn det de noengang hadde kunnet om verden utenfor. Der var det ting det ikke var mulig å kunne, og det var jo akkurat dét som var problemet. I deres nye verden var ikke det noe problem. Det var lett å dobbeltkontrollere alt, slik at de var sikre på hvordan ting hang sammen. Senere ble dobbeltkontroll til trippelkontroll og kvadrupelkontroll, som igjen ble til «bevist». Verden ble til slutt tvers igjennom «bevist». Inne i fengselet.

Etter noen hundre år var disse apene tidenes mestkunnende apesamfunn. De kunne alt om sin egen innestengte verden.

Så - helt ut av det blå - dundret det på porten.

Først skapte det kraftig angst. Hvem var det som banket på deres port? Hvem *kunne* det være?

Ingen hadde lyst til å finne det ut. De valgte å ignorere bankingen. Prøve å bli vant til den.
De snakket om hvem det kunne være som banket på. Var det løvene? Kunne det være gorgonsalere? Hva var i tilfelle det? Hva var de i stand til, dersom de fantes? Der ute kan det finnes hva som helst, også ting som ingen noensinne hadde møtt. Ingen nålevende hadde faktisk vært utenfor portene noen gang. Hvorfor skulle de det? De hadde allerede «alt en ape kan drømme om».

En dag hørtes et skikkelig brak. En rambukk dundret gjennom porten. Og gjennom det gapende hullet i porten så de ansiktene på skitne, slitne og sultne aper.

Det viste seg at disse apene var svært lite siviliserte. Og det var egentlig ikke merkelig, siden de hadde bodd der ute hvor sivilisasjonen ikke finnes. Ute i det store mørket.

Det ble veldig raskt veldig tydelig at disse apene trengte å læres opp til å leve et liv i høyere standard. Faktisk var de så lavt utviklet at de ikke engang kunne lese og skrive. De forsto ikke at de trengte å lære seg det engang.

Siden det å være sivilisert tilsier at man skal være snille med andre, hjalp apene de uvitende ved å tvangslære dem lesing og skriving. Og deretter kunne de lære alt det som kunne leses og skrives. Noen år senere var uvitenhet utryddet, og alle var oppdatert slik at de kunne leve etter den korrekte beskrivelsen, i den himmelske freden.

Del 1: Velkommen i sirkelen

Naturlighet

Se på resten av naturen. Jorden og de andre artene som lever her sammen med oss. Stresser de? Prøver de å bli til noe? Søker de 4% «vekst»? Føler naturen ubehag over å ikke ha blitt til noe annet, noe mer? Står blomstene der og ønsker seg et kurs for å bli bedre blomster?

Nei.

Naturen er bare der. Som den er. Den har tid til å være seg selv. Den beveger seg i sin egen hastighet. Dét har jeg opplevd mange ganger- at *naturen har naturens hastighet.*
Dovendyret har sin hastighet. Mauren en annen. Kolibrien. Fluen. Slangen. Treet.
Det virker som at alle skapninger har en hastighet som ikke sliter dem ut over tid, fordi deres naturlige hastighet lar dem bevege seg med hele seg. Ego, sjel, natur får være med hele veien. De tenker, kjenner, føler og agerer. Naturens hastighet er det motsatte av overilt. Naturlig er å ha tilgang til egne ressurser. Indre og ytre.
Mennesker derimot, lever ikke slik. Mennesker tror noe om seg selv som gjør at de forlater sin egen hastighet for å *bli til noe bedre.* Mennesker går på kurs for å lære å tenke på en annen enn sin egen måte for å håndtere stress som oppstår når de øker sin hastighet fordi noen andre sier at de må være noe annet enn de faktisk er for å oppnå verdi.

Og det er rart. Om du er et tre. «Der er de som tror de må være noe annet, igjen». Sier de sikkert til hverandre på trespråket. Hvisling. «Se nå- de går tur fordi de skal vise frem at de er blitt bedre igjen», sier trærne. «Ikke fordi ønsket kommer innefra dem selv, men fordi de tror at de blir bedre på å være seg selv ved å ikke være seg selv.» Raringer, tenker trærne. Og har kanskje rett i det.

Det er som om trærne er så naturlige at alt som er unaturlig blir rart for dem. Så når de eneste skapningene på jordkloden som har mistet kontakten med sin egen naturlighet går forbi, så kjenner de at det er, nå tipper jeg her- men kanskje, litt *trist*?

«De har så mange sykdommer som vi som er naturlige ikke har», sier de gamle trærne. «Men de ser ikke at de skaper dem selv, så de ser ikke at de går i ring. Sin egen ring.»

Akkurat det fortalte et tre meg en gang. Jeg satte meg ned inntil stammen og ventet. Helt til jeg hadde samme hastighet som treet. Da hørte jeg plutselig treets stemme. «I sin egen ring».

«Hvordan skal vi komme ut av den ringen, da?», spurte jeg. «Hahaha. Typisk unaturlig spørsmål», sa treet. «Det jeg har laget, hvordan kan jeg komme ut av det? Vi som har tid til å kjenne etter, slik at vi har kontakt med oss selv, kan spørre og svare selv. Svarene er enkle. Det er ikke noe å komme ut av. Du behøvde aldri å lage det. Ikke lag det mer.»

Unaturlige skapninger skaper unaturlige konstruksjoner som de senere, siden de er naturlige inn seg, må finne veien ut av igjen. Om en delfin begynner å leve som en bille (siden den har blitt lært at biller er den fineste formen for liv), vet man allerede idet den begynner at den ikke kan få det til. Den ER delfin, ikke bille. På et eller annet tidspunkt blir alt som er unaturlig tatt igjen av naturens hastighet. Naturens hastighet ER. Unaturlig er ikke, og taper alltid.

Den som ser den naturlige bevegelsen, kan forutse hva som vil skje med det unaturlige. Det er universets lov om naturlighet som tar igjen illusjonen og oppløser den. Naturlighet er uunngåelig. Naturlighet er den evige tilstand. At den unaturlige ser det som spådomskunst og trolldom, får så være.

Naturlighet er guddommelighet. Din natur er deg. Naturen uttrykkes *med deg, via deg, i deg*.

Ansvar

Når de unaturlige har blitt unaturlige nok, ser de unaturlighet som naturlov. De som har gått i en annen hastighet enn sin egen, har gått raskere enn noen av sine egne bestanddeler. Den unaturlige har ikke lenger kontakt med hele sitt selv.

Den eneste måten å leve det unaturlige på, er å lære seg det. Livet blir noe en *kan, istedenfor at livet er det man er.* I et slikt samfunn, blir evne til å beskrive gjeldende lære det unaturliges illusoriske versjon av levd liv. Den som klarer å *si om* liv, er den som *kan* liv. Den som er i kontakt med sin natur, opplever således utenfor det som kan sies, og blir for den unaturlige unaturlig, feil, ikke i samstemmelse med teorien/ læren. I et samfunn som har religiøs overbevisning om at det unaturlige er det «man skal», blir derfor ansvar snudd på hodet. Ansvar blir der til «ansvar for å insistere på det unaturlige».

Siden det i alle naturlige, naturskapte vesener bor natur, vil det å ta ansvar for det unaturlige over tid bli en umulighet. Slik vi ser nå, er teorien i ferd med å slå sprekker. Dette er uunngåelig, siden teori aldri ER levende. Det som er levende og naturlig vil alltid innhente det menneskeskapte, teoretiske, kunnskapsrike men ikke-levende, og gjennomskue illusjonen, luftslottet.

Når vi nå gjør det, kan vi velge å ta ansvar for virkeligheten istedenfor «ansvar» for unaturligheten. Vi kan tillate hverandre, romme oss, dele oss. Og med det skape rikt liv. Ikke et liv fylt med forvaltning av ting, men et liv der vår indre rikdom kommer til syne. Vi kan la livet være oss.

Hvordan? Ved å ta ansvar for at vi er de vi er. Ved å komme til syne. I ærlighet. I ærbødig tilstedeværelse og erkjennelse.

Nelson Mandela. Martin Luther King jr. Jesus. Gandhi. Eksempler på ærlighet som med letthet kan etterfølges av alle mennesker. Ikke ikoner som representerer en teori, men mennesker som erkjenner seg selv og rapporterer fra liv som ikke er teoretisk. På den måten er deres ord evig relevante- men kun for den som lever. Teoretikeren vil oppleve liv som ubehagelig, siden det ikke kan vites. Liv er bevegelse, viten er stillstand.

Det unaturlige mennesket er, som nevnt tidligere, ikke helt. Det unaturlige mennesket er i ubalanse. Ubalansen består i at det indre overses. Ikke det at det unaturlige mennesket ikke har tilgang til seg selv, men det ønsker det ikke. Begrensede mennesker søker andres anerkjennelse. De søker å reparere sin ufullkommenhet ved å «bli til» noe. Noe bra, noe fint. Det unaturlige mennesket søker å bli bedre enn seg selv, da det ser seg selv som «for dårlig».

Det unaturlige mennesket må derfor søke utenfor seg selv. Det søker andres anerkjennelse, og må derfor lære seg hva andre verdsetter. Men unaturligheten kan aldri komme i mål, kan aldri finne seg selv, fordi den kun er en teori. Derfor er det unaturlige teoretiske menneske alltid i søken etter «vekst». Det søker «bedre». Og bedre er alltid noe annet enn det levende. Det er kua som søker å bli hest. Elven som ønsker å være en stær. Måren som måler seg mot en ulv. I virkeligheten bare dum som en sau.
Mennesket som ikke ennå kan ta ansvar. Det må først komme frem, først bli verdig ansvaret. I teoretisk forståelse av liv, blir ansvarsfraskrivelse til ansvar.

Mange mennesker tar nå ansvar for sin egen naturlighet. Med det oppstår muligheten for at menneskeheten kan oppstå. Foreløpig er teorien om menneskene og menneskenes smerte ved å late som de er teorien, det som leves og er satt i system. Alt det vi kaller «det onde», er handlinger oppstått fra vår måling mot vår egen teori.
Når menneskeheten oppstår, vil smerte være et gammelt ord for noe som ikke lenger finnes.

Når menneskene oppdager ansvar, vil verden endres umiddelbart. Kriminalitet, fattigdom, ensomhet, tvang. Eierskap, utnyttelse, voldtekt, mord. Alt dette er teoretiske måter å skaffe seg makt på. I en verden som tar ansvar for sin egen naturlighet, er det ikke-eksisterende fenomener.

Verdi

Den som søker verdi utenfor seg selv, ser alt rundt seg som midler til å oppnå verdi. Mennesker blir til ting som gjør at den søkende øker eller minsker sin verdi.

Det i omgivelsene som kan gi inntrykk av økt verdi, må skaffes. Mennesker, biler, sko, parfyme. Trophy wife. Trophy car. «Jeg har en vakker kjæreste, fordi jeg fortjener det.» *Fortjener.*

Verden blir et sted fullt av ting. Noen ting fortjener jeg, andre fortjener jeg ikke. Jeg *fortjener* kjæresten min. Har jeg *flaks*, får jeg en kjæreste jeg *ikke fortjener.* Om jeg elsker, oppdages ikke. Det har ikke med elske å gjøre.

Jeg forelskes ikke i annet enn meg selv de gangene jeg klarer å skaffe noe jeg fortjener eller enda bedre; *mer enn jeg fortjener.*

«Kjærlighetsforhold» inngås dersom «hun gir inntrykk av at jeg har høyere verdi enn jeg egentlig føler». Inngåelsen baseres på en avgjørelse ut ifra vurderingen *«Hva oppnår jeg?».*

Intet foregår naturlig, «kjemisk». Det tas beslutning etter en avveining.

«Alt» har blitt til «Alle ting».

Mennesket som har oppdaget sin egen ubregensede verdi, er i stand til å se andres verdi. Og at den bæres innvendig. Hun kan *flyte i kjærligheten* sammen med andre. Hun har tillit rotfestet i sitt *meg*, og er uberørt i sin verdifullhet. Ingen ting kan stjele hennes verdi, langt mindre legge til eller trekke fra.

Så når hun møter en som trenger å glanse seg i hennes sol, faller hun ikke for hans keynote-presentasjon av verdiløshet.

Hun søker integritet og ærlighet, ikke beskyttelse. Hun søker virkeligheten. Uredd. Åpen. Sterk. Og svak.

Samhørighet

Når mennesker blir født, har de alle verktøy de trenger til å leve den de er. Små barn spiller ikke utenpå noe de ikke er inni. De uttrykker sin indre opplevelse direkte ut. Om du lurer på hva som foregår inne i et barn, er det bare å se etter. Spør, og du får et ærlig svar. Helt til de lærer noe annet.

I en verden der menneskene tror om seg selv at de er verdiløse, forsøker menneskene å fremstå som bedre enn de er.

I det øyeblikket oppstår forskjellen mellom den *indre* og den *ytre* verden. Det er ikke lenger ærlighet som driver menneskenes utvikling, det er oppstått et spill. Spillet handler om å *fremstå som verdifull selv om jeg vet at jeg ikke er det*. Den indre opplevelsen kommer ikke direkte ut lenger, den redigeres på veien. Kun det som anses som *riktig* eller *bra*, vises frem.

Det foregår en usynlig *riktighetsbevegelse*, der menneskene blir orientert mot andres meninger. Det er viktig å bli ment bra eller flink av de andre. Det har oppstått *en mal*, eller et *manus*. Menneskene spiller det de har lært er riktig og unngår det som er feil. Og kommer med det i skade for å skjule menneskene for menneskene. *Menneskeheten kan ikke komme til syne* når menneskene har trent seg opp til å overse sin egentlige verdi.

Alle mennesker er unike uttrykk for virkeligheten.

Vi er alle bærere av en unikhet, som gjør oss til uerstattelige brikker i puslespillet som utgjør menneskeheten. Det som redigeres bort, er det som holder oss borte fra å oppleve vår *egentlige verdi*. Som igjen underbygger vår tillærte oppfatning av at vi er verdiløse.

Det verdiløse mennesket har ingen venner eller kjærester. Hun lever et verdiløst liv som det verdiløse menneske. Og gjemmer med det bort den unike delen av det egentlige menneskelivet som han representerer. *Ingen kan kjenne en som ikke er seg selv.*

Med denne oppskriften blir vi til dukker som går rundt og spiller perfekte. Vi har blitt *perfekte og alene.* Det er ikke lenger mulig for oss å være sammen. Det ytre er det eneste som kan si noe om oss, og tingene våre blir det vi bruker for å uttrykke vår «verdi» overfor verden. *Den som har mange ting, har blitt til den som har masse verdi.* I virkeligheten har vedkommende ikke engang seg selv. Mennesket har blitt så fortapt i sin egen verdiløshet at *nok* ikke lenger finnes.

Det verdiløse menneske er den perfekte konsument.

Menneskelighet, sårbarhet og tilgivelse

Det handler om at du finnes i to versjoner. Du er innvendig den du er, og utvendig den du burde være. Så hvordan gjenvinne seg selv? Ved å bli den man er. En setning mange kan, men det paradoksale som skjer når vi vet, er at vi i samme øyeblikk ikke er.

Ser du det? En ape som vet at den er ape, har gjort om det å være ape til det å kunne ape. Og med det oppstår tragedien. Når apen kan, blir det den er, feil. Den teoretiske apen har oppstått. Og den levende apen er død. Den levende apen er den som forsøker å være det den kan om ape.

Den levende apen kjenner på alt det den ikke er, men skulle ha vært. Dens indre liv handler om konflikten mellom virkeligheten og teorien om virkeligheten. Apens egentlige indre er fred, men dens viten har skapt en indre krig.

Denne krigen mellom det indre og det vi viser andre, er kaoset vi ser i verden i dag. Vi forsøker å tvinge oss selv til å bli «riktige». Det vi trenger for å komme tilbake til oss selv igjen, er å holde opp med å tro.

Ja, du leste riktig: Vi må holde opp med å tro. Å tro at vi skulle ha vært noen andre enn de vi egentlig er, er vår eneste sykdom. All konflikt har sin rot i denne troen om at vi ikke er som vi skal, før vi har lært hvordan vi skal være.

Om noen skulle ha tenkt ut en plan for å gjenskape verden i sitt eget bilde, ville denne oppskriften ha vært en genistrek.
Lær mennesker hvem de skal være, og når de tror på det, eier du dem. Du er Læren som de andre skal Være. Læren har blitt til Tillatt Væren. Om du i tillegg kan skape et premieringssystem som belønner de som spiller riktig, har du skapt en verden som ser ut som den gjør i dag.

Åpenhet

Når det ytre er det som premieres eller verdsettes, er åpenhet dets første offer. Det er startet et spill, og det handler om å vinne. Vinne gjør den som fremstår mest mulig korrekt i forhold til spillereglene. Det er da en fordel å ha brukt lang tid på å studere spillereglene.

Mennesket skifter fokus fra å bringe sin opplevelse til andre, til å fremstå som det «lønner seg». Pay-off er målet, ikke synlighet.

Naturlig omgang mellom mennesker kan kun foregå i åpenhet. Om ikke, er alle relasjoner basert på noen som ikke er den de er. Alle relasjoner blir, når åpenhet er erstattet med tillært teori, arenaen der ingen møtes. Den perfekte fasaden møter den perfekte fasaden. Kjærlighet oppleves som «liker godt», eventuelt «liker best». Denne «kjærligheten» kan «gå over». Avtalen brytes når en annen likes bedre. I våre dager er det også veldig vanlig at spilleferdighet er en stor faktor i regnestykket «liker best».

Når åpenhet forsvinner, erstattes relasjoner som gir en opplevelse av å være sammen som man er, med relasjoner der man er alene ved siden av hverandre i et forsøk på å være perfekte.

Det verste som kan skje i en slik kvasi-relasjon, er at ikke begge parter fremstår som like perfekte. Når den ene «ødelegger» den andres perfekte ytre festning, må han eller hun erstattes av noen som er «villige til å gjøre det som trengs».

Samværet preges gjerne av gjøremålslister. Det å levere som avtalt, anses for å være en kjærlighetshandling. «Han ofrer seg for meg».

Hvem menneskene er, i sum- altså menneskeheten, kan ikke oppdages. Vi er sammen hver for oss, alene. Og hvem vi er sammen finnes ikke. Vi er på en måte fanget i «ikke-liv».

Virkelighet

I en «ikke-levende» verden, er livets eneste mål å overleve. Siden livskvaliteten således er på et bunnivå, er eneste synlige formål med livet å være i live lengst mulig. Langt liv, i tid, regnes som suksess.

I en slik virkelighet, blir flukten fra livet livets innhold. Vi tviholder på illusjonen om at død er en ulykke som kun rammer de uheldige. Det gjør at vi kan snakke om å overleve som om det er et sannsynlig utfall.

Som kjent, er ikke død et resultat av å ha mislykkes. Døden har kun én årsak: At man er født.

Alle vet at det ikke går an- i en jordisk betydning av begrepet liv- å overleve. Men frykten for det ukjente aner ingen grenser i en verden der alt er kjent og definert; kunnet.

Vi lever løgnen om at døden ikke eksisterer for andre enn de som har veldig uflaks.

Men- virkeligheten, hva er det? Hva gjør noe virkelig? Det er gjerne slik at i en kunnet verden blir virkeligheten til en ting. En fastfrosset, gjerne «vitenskapelig bevist» virkelighet. En ting som er utenfor oss. Virkeligheten har på den måten ingenting med oss å gjøre. Virkelighet bare «er som det er».

I en levende verden er virkeligheten det som utspiller seg inne i oss, kontinuerlig. Aldri den samme, men den foregår bestandig. I en verden der det som lever (det som er fra klærne dine og *innover*) er det som skaper vårt fellesrom, er *din opplevelse av livet den eneste virkelighet.* For deg. Og de andre har andre opplevelser av det. Så for å få tak i livet, så er graden av åpenhet og ærlighet hos de andre det som bestemmer kvaliteten på det liv utenfor ditt eget som du ser.

Det er altså en avgjørende forskjell, at i en kunnet verden, er virkeligheten det man ser rundt seg, mens man i en opplevd verden har hver sin versjon, like gyldig.

Din opplevelse av å være levende *er* ditt liv.

Fordeling og ressursforvaltning

I en verden der det unaturlige spilles (og det naturlige gjerne medisineres, ofte i barn) har ingen ansvar. «Virkeligheten har ingenting med oss å gjøre». Det er i realiteten en massiv kollektiv ansvarsfraskrivelse. Menneskene blir kommenterende: De synes og mener noe om «hvordan verden er». I håp om at «noen» skal forandre verden for dem.

Ser man på historien, er det lett å få øye på at det er de som oppdager noe inne i seg (f.eks. en idé) og tar det på alvor, som skaper virkeligheten. I en verden der vinnere er best, er nesten alle tapere. Tapere kan ikke forandre verden, det er bare de ekstraordinære som kan gjøre slikt. Derfor forsøker de som søker vår stemme til at de skal forandre verden på våre vegne å selge seg inn som ekstraordinære hvert 4. år. Det viser seg som regel at det ekstraordinære ikke lot seg gjennomføre.

Det er ganske medvirkende, dét at 99% av menneskeheten lever at «verden har ingenting med meg å gjøre», og derfor ikke føler ansvar for endring.

På et tidspunkt, vil det være uunngåelig at man ser hva som driver dette spillet: Du spiller den rollen som den som gir deg belønningene ønsker at du skal spille. Den som har mest, har definisjonsrett over hva som er verdifullt og hva som er verdiløst.

Det igjen blir til at ditt liv handler om å skape verdier for den som har mer enn nok fra før.

Verdi, kladd og ekstramateriale

Når menneskene oppdager ansvar, forandres begrepet verdi. Hva som har verdi, vil ikke lenger være noe man krangler om. Det er kun så lenge vi velger å være unaturlige, at hva som har verdi ikke er åpenbart.

Mennesker som har tapt sin natur, har intet å melde som har egentlig verdi. De må skape teoretiske konstruksjoner for å forklare hvorfor deres «innsats» skaper verdi.

Verdi er ikke penger. Penger låser opp ressurser, slik at kun de som har disse tallene å vise til har tilgang. Penger handler om ting. Om eierskap. Og om den ytre verden. Ingenting feil med det. Men når penger er målet, veien og meningen med livet, forsvinner all verdi.

La oss si at noen starter å skape TV- programmer. De starter fordi de har noe de ønsker å dele med verden. De har noe på hjertet.
Eller noen starter pizzarestaurant fordi de elsker pizza, og bare MÅ la andre smake disse kjempegode pizzaene.
Intensjonen er å dele noe med verden. At man kan leve av det man elsker, er en tipp-topp bonus.

Suksessen kommer- folk elsker jo TV- programmer og pizza laget av folk som elsker det de gjør.

Så kommer det unaturlige: Noen kjøper- ikke kjærligheten til pizza eller TV- men «suksessen». Og vips, er det noen som er ute etter «money for nothing». Det er altså mennesker som har nok, som kjøper eierskap over andre menneskers arbeid, med det formål å få mer enn nok. De driver ikke med noe selv, de eier kun andres arbeid.

Etter kort tid dikterer de som eier andres arbeid hvilke produkter som produseres. Og valget er enkelt: Det som gir minst utgifter, og mest profitt til eieren.

For den som elsker TV, betyr det at han må lage programmer han ikke liker, men som den som eier hans innsats får mest penger for. I TV- bransjen er det ikke lenger redaktørene som bestemmer hva som er på TV, det er sjampo- og såpeprodusenter. Og siden målet er høyest mulig «profitt», er det ultimate tv-programmet det som er svinebillig å produsere, og samtidig treffer sjampo-produsenters målgruppe. TV skapes ikke lenger av dem som har noe på hjertet.

Samme med pizza. Den perfekte mat, sett fra en matelskers ståsted, er ikke den samme maten som er best for en økonom. En økonoms perfekte meny serverer én rett: Varm papp som smaker godt nok.

Verdien forsvinner når pengene bestemmer. Vi mister kontakt med verdier når penger er målet, veien og meningen.

Verdi er det som gir verdi i menneskers liv. Et menneske som er skremt til å tro at hun er verdiløs uten riktig sjampo og sminke, er ikke lenger opptatt av verdi. For hun kan ikke kjenne etter lenger. Hun «vet» hva som «teller». Hun vet hva hun «fortjener». Og det er å se ut slik som man ser ut når man bruker riktig såpe: Man ser ut som en dukke. Gjem bort det du er, og vis hva du har.

Fattigdom er å vasse i ting og kjenne at man har mistet kjærligheten. Et fattig menneske kjenner ikke hva kjærligheten i ham brenner for. Han har kjøpt andres kjærlighet og omskapt det til søppel.

Del 2: Lederskap

Hva handler denne boken om

Kanskje du kan hjelpe meg med å komme i gang, og bare fortelle meg hva den skal handle om?

Ja. Den er «en veiviser til Menneskeheten».

Wow.

Ja.

Men du mener vel «en veiviser til den NYE menneskeheten?

Nei. Du skjønner, menneskeheten har ikke oppstått enda. Menneskeheten har enda ikke blitt til.

Hva sier du?

Menneskeheten har aldri vært det som foregår på jordkloden. Det har ikke vært forsøkt enda. Det er like før den blir til, og det er det denne boken skal handle om. Hvordan man kommer dit, på et vis.

Seriøst? Tuller du med meg?

Nei. Jeg tuller ikke. Det som ligger foran dere nå, er noe som ingen har sett maken til. Dette er første gang. Det menneskene er sammen, skal komme til syne.

Er det dét vi skal skrive om?!

Det er det denne boken handler om. Ja.

Jeg blir redd nå, jeg.

Hvorfor det?

Det er altfor stort. Jeg klarer ikke ta det inn over meg. Jeg er ikke klar for noe sånt.

Hvorfor ikke?

Det føles som om jeg er på altfor dypt vann. Jeg føler meg alt for liten.

Perfekt!

Hva?!

Det er akkurat der vi skal begynne. Du føler deg for liten. Skriv det ned.

Jeg føler meg for liten.

Hvorfor?

Hvorfor jeg føler meg for liten?

Ja.

Jeg vet ikke.

Du føler deg for liten, men du vet ikke hvorfor.

Ja. Men det handler mer om at oppgaven med å skrive noe sånt, er for stor for meg.

Hvor stor er den oppgaven?

Jeg vet ikke.

Du vet altså at du er for liten, og at oppgaven er for stor for deg. Du vet ikke hvordan du vet det. Hvor tror du det kommer fra?

Jeg henger ikke helt med..?

Ble du født med den «viten» at du er for liten?

Eh. Jeg tror ikke det.

Ok. La oss si at du har rett i det. Hvor kan det da komme fra?

Min oppvekst? Åh. Har noen lært meg det, kanskje?

Ja. Noen har lært deg litenhet. Hvorfor?

Noen vil være større enn meg..?

Ja. Er du for liten til å vite det?

Nei.

Du er stor nok til å se at noen lærer deg å være liten, slik at denne noen vil virke større enn deg?

Ja. Tydeligvis så er jeg det.

Ok. Så hvilken størrelse har du?

Som jeg allerede sa, så vet jeg ikke, men...

Men hva?

Det føles brått helt annerledes. Jeg vet fremdeles ikke hvor stor jeg er, men det betyr plutselig ingenting. Jeg føler meg ikke liten selv om jeg ikke vet.

Så, det du kan se, er ikke lenger for stort for deg?

Noe sånt.

Størrelse har ikke noe med saken å gjøre. Hvordan noe fremstår- det er det dette handler om. Når noe virker stort, føler du deg liten. Når noe ser lite ut, føler du deg stor.

Ja. Faktisk.

Når virker stort ut, hvordan føler du deg?

Jeg føler meg overveldet. Jeg blir skremt og føler meg ikke trygg.

La meg spørre deg: Når du føler deg utrygg og redd, hvordan virker ting rundt deg?

Store. For store.

Ok. La meg oppsummere: Når du føler deg utrygg og redd så virker enhver oppgave for stor for deg. Stemmer det?

Ja. Det stemmer.

Lederskap.

Hva?

Det har å gjøre med illusjonen om Lederskap.

Hm? Illusjonen om Lederskap?

Ja. HVEM utfører lederskap?

Ledere.

Feil.

Feil?

Ja. FEIL.

Ok?

Lederskap er en egenskap som er innebygget i alle mennesker.

?!

Lederskap handler om å lede seg selv. Din indre stemme er ditt Lederskap. Ditt ego er det som trenger Lederskap.

Men hva med ledere? Presidenter, konger, direktører?

Ego. Ikke lederskap. Du skjønner, bare egoet kunne ha kommet opp med en så latterlig idé som å ta lederskap vekk fra mennesker.

Eh. Vennligst forklar.

Når egoet forsøker å gjøre seg mer verdifullt- eller større- enn «andre», så finner det opp «Lederskap over andre». Lederskap er bygget inn i alle mennesker. Det tar formen Ærlighet.

Lederskap er det som overgår egoets ønske om å jukse for å virke «viktigere» enn «andre».

Når din sjel tar lederskap over egoet, skapes Ærlig Liv. «Som i det indre, så også i det ytre».

Lederskap over andre mennesker er bare egoet som overstyrer den du egentlig er, slik at det at noe virker «stort og lite» korrumperer relasjonene mellom mennesker. Da altså, til fordel for den som ser ut som «stor».

Jeg sier deg: Menneskeheten vil aldri kunne oppstå under det såkalte lederskapet til egoet.

Det første skrittet mot at Menneskeheten skal bli til Virkeligheten
er FJERNING AV LEDERE ved å TA LEDERSKAP OVER SITT EGO.

Faktisk så er det egoet i «den lille» som er redd for egoet til «den store».

Det er egentlig ganske enkelt!

Flott. Ikke så liten lenger nå, håper jeg?

Nei! Jeg er klar for å skrive.

Mennesker har aldri vært hverken små eller kraftløse. Nå som vi har ryddet den illusjonen ut av veien, la oss sette i gang. Skal vi?

Ja. Det skal vi.

Løver og frihet

Du viser meg noen bilder av løver og frihet eller noe?

Ja. Du har lært at du søker frihet, og at det har sin pris. Frihet høres så grenseløst ut, og noe av det du har lært, er at det er farlig. Frihet er kaos. Kaos er farlig. Ikke sant?

Jo.

Hvorfor er det farlig?

Fordi det ville skje så mange helt ville ting plutselig. Kriminalitet og vold og voldtekt. Slike ting.

Ok. Jeg må spørre deg om en ting.

Fyr løs.

Hva ER frihet?

Eh. Anarki? Kaos?

Frihet er lederskap i ditt eget liv. Kaoset du beskriver er egoenes kamp for lederskap over andre. Det skyldes maktkampen mellom «Ledere». Mennesker som slåss seg imellom om retten til å kontrollere andre mennesker. Det er det som foregår mellom mennesker styrt av et ego som trenger å være «stor».

Friheten du søker, er ikke frihet til å kontrollere andre mennesker. Du søker frihet FRA det. Du søker frihet til å ha lederskap i ditt eget liv. Din reise gjennom livet handler om å gjenoppdage deg selv som et opplyst menneske ledet av sin egen indre stemme. Din sjel. Meg. Og med det, bli en kreativ deltaker i Menneskeheten. Mennesker Som Er De De Er. Sammen.

Så fantastisk! Dette er så vakkert!

Ja. Er det ikke?

Jeg beklager nesten å avbryte deg, men hva var poenget med de løvene du viste meg?

Det er et av de mest brukte «læresetningene» til egoet som søker kontroll. Du har sikkert hørt det en million ganger: «Se på naturen. Ledere er naturens måte å organisere ting på. Se på hannløvene som slåss om å bli leder av flokken». Ikke sant?

Ja.

Hannløvene slåss med hverandre i en kamp mellom egoer. For retten til å ha sex. Det er løvenes måte å briske seg på.

Ok?

Men det gjør dem ikke til ledere.

Nei?

Det er hunnløvene som leder flokken. Hannløvene får seg et ligg eller ikke. Hunnløvene ser til flokkens behov. De er flokkens ledere- de sørger for at det er rom til alle i flokken. Man kan si at de sørger for at flokken ledes av seg selv, og ikke blir krigsbyttet til de kjempende hannløvene.

Ego er motstand

Jeg vil gjerne ta opp noe fra langt tilbake i tid. 2005. Husker du det om motstand som du fortalte meg om på flyet hjem fra Spania? Det med å lære meg om motstand?

Ja.

Jeg tror jeg har sett det nå. Og det har å gjøre med ego og lederskap.

Fortell.

Motstand ER ego. Når egoet er styrende, er motstand resultatet. Jeg mener- det kunne ikke ha oppstått ellers?

Friksjonen i meg er motstanden jeg opplever. For at det skal være mulig å oppleve motstand eller friksjon inne i meg selv, så må det være minst TO versjoner av meg. Ikke sant?

Jo.

Før hadde jeg´et motstand mot meg´et.
Så var det meg´et som ikke ville være jeg´et.

Det er som en krig. Stillingskrig.

Ja.

Og motstanden er krigen mellom de to.

Stemmer. Veldig bra.

Kan du lære meg noe mer om denne ego-krigen?

Javisst.

Gavene er til dere alle sammen

Når du oppdager at du har en gave, hva er den til?

Å bruke den?

Hvordan? Bruke den til hva?

Til å bringe noe nytt.

Jeg elsker det svaret! Du skjønner- dét er din gave: Du ser sammenhenger. Det er ikke så mange som gjør det.

Hvorfor er det viktig?

Fordi de fleste mennesker som har en «gave» bruker den til å booste egoet sitt.

Og hvorfor har det noe å si?

Det gjør alt bortkastet. La oss si at du kunne se fremtiden. Hva kunne en slik gave ha gitt til tilblivelsen av Menneskeheten?

Det kunne redusere frykt. Det kunne hjulpet forskere på rett spor. Det kunne faktisk ha øket hastigheten på evolusjonen ganske kraftig.

Mennesker bruker det til å tjene penger.

Hmmm?

I stedet for å gjøre alt det, så driver de og selger «spådommer». En bortkastet gave, gjort om til et triks for å vise seg frem. Ego.

Sier du det jeg tror du sier?

Hva tror du at jeg sier?

At det ikke handler om «spesielle evner». At det handler om at vi er de vi er. Bevissthetsskiftet handler ikke om å oppdage en «gave», det handler om å ikke ledes av sitt ego.

Akkurat! Mennesker byr frem sine ulike talenter for å få noe igjen. Som kjæledyr. Istedenfor å ta ansvar for å bringe gaven i seg selv til verden, demonstrerer de hva gaven kan gjøre. For penger.

Så det du faktisk sier her: En gave skal deles, ikke selges?

Ja! Dere er alle gaver til hverandre. Pengesystemene deres er ISTEDENFOR å dele.

Så Gud er motstander av penger?

Jeg er virkeligheten. Alt som korrumperer virkeligheten er ikke meg. Det er vridd av ego-lederskapet i menneskene. SYSTEMENE deres er korrumperte av ego. Ikke godt eller ondt. Ego lederskap.

Så hva foreslår du?

Del deres gaver med hverandre.

Gratis?

Ja. Gratis.

Men da kommer jo mennesker til å sulte?

Nei. Systemene vil sulte. Ego-lederne deres kan ikke kontrollere det som deles fritt.

En historie om ego

Jeg har et bilde til deg, Det viser hva ego er, og hva det gjør.

Tusen takk. Vær så snill, fortsett.

Se for deg hundrevis av mennesker som holder hverandre i hendene. Og på den måten er de sammenkoblet.

Si at det er et bilde på en forent Menneskehet, mennesker som ser og opplever seg selv som del av noe som de også er, sammen.

Egoene deres er tilstede, idet de vet at de er forskjellige deler av dette samme hele.

Så, på et tidspunkt, bestemmer en gruppe seg for å bryte ut fra resten. I det øyeblikket er det som var ett hele, blitt delt opp i deler, og delene mangler det som de ikke er.

Flere grupper følger etter. Etter en stund er denne egentlige enheten delt opp i, si, hundre grupper. Som underveis har blitt omdøpt til andre folk. De har begynt å hevde at de som tilhører deres folk, er mer like enn de «andre».

Hver eneste av disse folkene ser sitt eget folk som OSS, de andre som «DEM».

Individene identifiserer seg nå med forskjellige grupper som ikke er det samme. De har mistet forbindelsen til helheten.

Summen av det de sammen er, er ikke lenger alt. De nye folkeslagene mangler nå noe som de hadde da alle var del av det samme hele.

Etter en stund har alle blitt vant til id´én om at alle folk mangler noe. Så de starter å konkurrere med hverandre, og begynner å påpeke manglene hos «de andre» gruppene.

Snart har du talspersoner som er valgt til å snakke på vegne av hver gruppe. De som er valgt ut til den jobben, velges fordi de er gode til å vinne diskusjoner.

Kan du se det?

Javisst. Det du beskriver er et univers som ikke liker mesteparten av seg selv.

Et bra bilde. Det er akkurat dét som er skapt: Et oppdelt univers som ikke lenger er i stand til å se summen av seg selv.

Dette universet har mistet av syne det det egentlig er: Harmoni, i det at det anerkjenner alle deler av seg selv.

Og Menneskeheten kan ikke lenger finnes.

Nemlig. De er ikke lenger i stand til å se hvem de er. Menneskeheten finnes ikke, selv om det er rett foran nesen på alle.
Alle dets deler er tilstede, men de ser ikke lenger at sammen er de EN HELHET som hører sammen.

Det er som en kropp som er delt opp i deler.

Ja! Og en arm er ikke i stand til å oppdage hva den er til, når den ikke vet om resten av kroppen. Så, for å kunne føle seg verdifull der verdi ikke kan oppdages, snur den seg i en annen retning og begynner å konkurrere med de andre kroppsdelene ved å påpeke deres mangler og gjøre dem mindre verdt.

Det er stup mørkt.
Alt er for ingenting.
Alt er tapt.

Det eneste som er igjen, er å fordrive tid.

Tro og tillit (belief vs faith)

Du sier:

> Tro skaper fengsler. Tillit holder universer.
>
> Tro som blir til
> meninger som skaper
> vold.
>
> Tillit skaper rom,
> og ser,
> involverer og
> tilslutt omfavner.
>
> Jeg kjenner Meg.
> Ikke for å fornærme din intelligens.
>
> Mennesker mistet tillit og ble på den måten sårbare for tro. Det har nå gått så langt at mennesker tror at de er hva de tenker.
>
> Tillit er et innovervendt anker, tro er en utovervendt argumentasjon.

Ubehag

Du vet ingenting når du blir født. Noen år senere prøver du å håndtere følelsen av å være ubrukelig.

Hva skjedde? Hvor kom det fra?

Det er som om din tid på jorden ikke er *ditt* liv.
Isteden bruker du livet til å behandle ubehaget du føler fordi det ikke er slik.

Ego

Du sier at det ubehaget er det som gjør at vi fortapes i ego?

Ja. Smerten ved å ikke være til, skaper aggressivitet og investering i egoet. Egoet er drevet av fullkommenhetens bitte lille bror: Anerkjennelse.

Egoet søker anerkjennelse. Anerkjennelse er ego?

På mange måter, ja. Egoet er din frihetskjemper, ute etter å vinne slag. Men i bakgrunnen lurer det egentlige målet: Payoff. Belønning. Anerkjennelse. Posisjon. Å være noen.

Nå tenkte jeg plutselig at dersom vi begynner å se hverandre, så vil det ikke være noe poeng i å bli til noen.

Nei. Det ville ikke ha vært noe som trekker deg vekk.

Å være bedre enn

Om du er bedre enn meg, så er det du er bedre i bare det å være bedre.

Du er rett og slett bedre på å være bedre. Men- hva er det?

Visdom

Er du intelligent nok til å få andre til å være som du vil?
Om du er, håper jeg du samtidig er vis nok til å se at det gjør at vi alle taper alt.

Korrupsjon

Korrupsjon: Når eiendeler gjør at en stemme veier mer enn en stemme.

Korrupsjon, sett med øynene til et korrupt system: Når den beste idéen vinner over den rikeste deltakeren.

I et korrupt system vinner penger over idéer.

Oneliners

Når dødelige skapninger er redde for døden, eksisterer ikke liv. Bare fryktbasert overlevelse.

I et liv drevet av frykt
er skjønnhet en maske.

I det øyeblikket du begynner å frykte døden, slutter du å være levende.

Har du lagt merke til at når du er redd, blir ditt fokus fornektelse?

Når du ikke trenger noe, dukker alt opp.

Har du noensinne, med målbevissthet, gått inn i din frykt, slik at den fullstendig forsvant?

Å leve
er ikke
å ikke
dø.

Når du er redd
kan du ikke
lære bort
annet enn frykt.

Forholdet mellom

kunnskap og visdom?
Som hat og kjærlighet.

Den ene har ikke plass til noe.
Den andre har rom for alt.

Ta vare på den som elsker,
ikke den som elskes.

Det du tror er illusjoner

Du er ikke spesielt glad i å tro på ting?

Jeg - igjen - ER VIRKELIGHETEN. Illusjoner er ikke det.

Og tro er illusjoner?

Hvordan kunne du ellers tro det? Når du erfarer noe, så tror du ikke lenger. Ser du ikke det?

Joda. Det er ikke plass til å tro noe om det jeg har opplevd. Det er som om tro er teorien som erfaringen gjør til ingenting.

Akkurat. Og vær klar over følgende: Din OPPLEVELSE AV LIVET er Din Del Av Livet. Det du fremdeles bare tror, er det ikke.

Så hvis jeg fokuserer på teorier, så blir livet mitt dødt, på en måte?

Ja! Å spille teori er å være død, mens Livet i Deg er gjemt bort. Så du skaper den eneste døden som finnes: Å late som du har blitt til beskrivelsen av Den Riktige Deg. Teoretisk er dødt. Opplevelse/ erfaring er levende.

Dette er ganske vesentlig.

I en verden av troende, går tilliten tapt.

Åh, det er kraftfullt.

Ja. Det er en annen måte å si det på: I en verden av troende, forsvinner all kraft.

På hvilken måte?

For den troende, blir verden et sted der du velger mellom alternativer som presenteres for deg. Uansett hvilket alternativ du velger, gir du din stemme til den som «leder» den troen. Kraftløshet satt i system.

Dette gjør meg trist å tenke på.

Hvorfor?

Jeg vet ikke.

Hva ville gjort deg glad igjen?

At mennesker følte seg ansvarlige overfor hverandre.

Du ville bli glad om mennesker hadde sett seg i stand til å utføre Lederskap.

Ja.

Da ville mennesker ha måttet velge Tillit fremfor Tro. De ville velge seg selv. Tillit til Meg istedenfor Tro på teorier. Livet over illusjonen. Erfaring foran beskrivelse. Mennesker ville lete etter erfaring i Skriften, istedet for å bruke Skriften til å bedømme opplevelsen.

Er Gud imot Skriften? Du må tulle med meg!

Jeg er ikke imot Skriften. Faktisk helt det motsatte. Det jeg sier er at om du leter i Skriften for å finne noe annet enn deg- noe bedre- så er det bedre om du ikke leser. Om du bruker Skriften til å finne erfaring i deg selv, så finner du MEG.

Ærlighet og "andre"

Det er ikke mulig å være ærlig om noen andre. Det eneste du kan være ærlig om, er deg selv.

Å velge ærlighet er å proklamere at alt handler om MEG, og at JEG bringer det.

Ærlighet og MEG
er to sider av samme sak.

Veien går gjennom MEG.

MEG er alt
JEG kan se.

Å forstå er ikke å se.
Å se er uten forståelse.

Dette er en første gang

Det sies om deres historie at den er «Historien om Menneskeheten».

Det er den ikke. Menneskehetens historie skal til å begynne.

Deres historie er «Historien som skrevet av de få, som holdt menneskeheten bortgjemt».

Deres historie skal snart begynne. Den begynner når dere slutter å gjemme dere. Den starter når det som blir synlig, er DERE.

Utsettelser

I en tid da ansvarsfraskrivelse er det eneste vi samles om,
  er det å være gæren det eneste ansvarlige.

  9 av 10 mennesker rekker aldri å få vært seg selv.
  Livet rakk aldri å ta igjen alle begrunnelsene for å gjemme seg bort.

  Hva er dine begrunnelser for å utsette deg selv?

Rettferdighet

Deres «rettssystem» har blitt laget for å sørge for at ego regjerer over medfølelse.

Hadde empati vært drivende kraft i menneskene, kunne ikke «rettferdighet» stått i veien for fri deling.

«Rettssystemet» er et verktøy for å sørge for at «de som fortjener» aldri trenger å dele med «de som ikke fortjener».

Deres «rettferdighet» er kald og kynisk, hjerteløs.

Hjerteløs rettferdighet- ville du ha likt å vokse opp med det?

Du gjør det.

Rettferdighet 1

Jeg vil gjerne ta opp en ting du akkurat sa. Du snakket om at rettssystemet er til hinder for deling?

Ja.

Hvordan? Hvorfor?

Først: Rettferdighet er ikke naturlig. I naturen handler alt om årsak og effekt. Man kunne si at årsak og effekt ER Naturens Lov.

Deres systemer for såkalt rettferdighet har fjernet årsak-effekt og erstattet det med løgn-sannhet.

Hvordan?

I årsak- effekt er det ingen dommere å overbevise, er det?

Nei.

I deres løgn-sannhet systemer er det det. Og de er der for å bestemme hvem som har rett og hvem som har feil.

Ja.

Ingen er noengang noen av delene.

Hm?

Ingen har noengang vært eller kommer noengang til å ha rett eller feil.

Hva?!??

*Rett og galt er ikke det som skjedde. Noengang.
Det som skjedde, er det som skjedde.*

Hva er egentlig forskjellen?

Hva er forskjellen på en pølse og månen?

Rart spørsmål.

Ja. Like rart som ditt spørsmål.

Ok. Kan du fortsette, er du snill?

Du fanger en fisk. Du tenker at den er for liten, så du kaster den uti vannet igjen. Ville det ha vært rett eller galt?

Jeg tipper - ingen av delene?

Nettopp. Det som skjer, er at du fanger en fisk, og enten beholder du den eller du kaster den uti igjen. Dét er det som skjer. Ikke rett, ikke galt. Det bare ER.

Hm.

Naturen ER årsak-effekt. Når du dømmer mellom rett eller galt - så blir årsak-effekt usynlig.

Og det er et problem, fordi...?

*Ansvarlighet blir umulig.
Når du lever under et «rettssystem», så blir ansvarlighet umulig.*

Men er ikke det hele poenget med rettssystemet? At man blir holdt ansvarlig for sine gjerninger?

Så. Om du ikke blir straffet, så skjedde det ingenting?

Det er ikke hva jeg sier.

> Hva er det du sier?

Om det ikke er noen straff, har jeg ikke gjort noe galt!

> Men allikevel- du GJORDE noe?

Ja.

> Og hva var resultatet av det?

Ikke noe.

> Feil. Du beskriver en verden der å gjøre «rett» blir usynlig. Du fokuserer på selve «rettsprosessen». Om du er god på å manipulere prosessen, slik at det «bevises» at du ikke gjorde noe «galt», så har du intet ansvar for det du har forårsaket.
>
> Men, skjønner du- du LEVER med effektene av det hver dag, SELV OM det ikke var «feil».
> Selv om du har «rett», kan du faktisk allikevel forårsake noe du ikke ønsker deg.
>
> Du kunne leve på en måte som SKAPER krig, men siden du ikke «straffes», så kan du ikke IKKE skape det.
> Du kan ikke slutte å forårsake noe du ikke ser.

Hm. Jeg ser den.

> «Rettferdighet» er ISTEDENFOR ansvarlighet.

Sprøtt.

> Ja. Og virkelighet.

Rettferdighet 2

Jeg vil gjerne tilbake til mitt spørsmål: Hvordan står dette til hinder for deling i verden?

Etter hvert som du blir vant til «rettferdighet» blir ditt ansvar for deg i verden en sak mellom deg og rettssystemet. Du ser deg selv som ansvarlig så lenge du ikke blir tatt for å gjøre noe «galt».

Du er ikke lenger ansvarlig for menneskehetens beste, du bare forsvarer at du «ikke har gjort noe galt».

Din verden blir rettferdig/ikke rettferdig, fair/unfair, rett/gal. Ansvaret tas hånd om av systemet. Hva om systemet ikke tar ansvar?

Men- tar det ikke ansvar?

Ja. Det tar ikke ansvar. «Systemet» er bare menneskene som jobber der. Og de har blitt like distansert fra følelsen av ansvar som alle andre. Dette vi snakker om nå, er i bunn og grunn det som skapte Nazi- Tyskland.
Ingen hadde ansvaret. De som følte ansvar, og derfor ikke kunne være med på det, ble straffet av «rettssystemet» som de som gjorde noe galt.

Beklager å være litt dum her nå. en hva har dette med deling å gjøre?

Når ansvaret er fratatt deg, vil du ikke se det. Du vil se på mennesker som sulter og si ting som: «Vi er heldige som ikke er som dem».
Det du aldri vil oppdage, er at grunnen til at de er i den situasjonen er at de som «ikke gjorde noe galt» lager det slik. Uten

å se det. Uskyldige mennesker ser ikke etter effektene av sine handlinger. De gjorde bare «ingenting galt».

Den som ikke føler seg ansvarlig for verden, har ingen grunn til å ta vare på den. Det er rett og slett «ikke mitt ansvar».

Rådende oppfatning i verden i dag, er akkurat det: «Det er ingens ansvar».

Ingen har ansvar for å dele.

Presis. «Noen andre er ansvarlige».

Rettferdighet 3

Er dette vanlig i verden i dag?

Det foregår overalt. Har du ikke lagt merke til det? Hvem ser du stå opp og ta ansvar for at verden er som den er i dag?

Ingen.

Nettopp. Ingen. Hva sier de istedenfor?

«Det er deres feil».

Ja. Det er alltid «deres» feil. Og faktisk så er det jo slik. Du kan reise hvor du vil i verden, og samme hvem du peker på og sier «Det er ditt ansvar», så vil du ha rett. Det er alles ansvar at det ikke er noens ansvar.

Men samtlige ville sikkert argumentert mot at de er ansvarlige.

Ja. Siden ingen ser det som deres ansvar, så må «de andre» være ansvarlige. «Jeg gjorde ikke noe galt, så det må være deres skyld».

Takk skal du ha, rettferdighet.

Og farvel, ansvarlige mennesker.
Men bare for nå.

Å, takk Gud for at du sier det.

Ja. Det som virkelig foregår nå, er at tusener, nei millioner, kanskje milliarder av mennesker begynner å se dette nå. Det er grunnen til at det i det hele tatt er synlig.

Uansvarlighet i rettferdighetens navn er faktisk ikke det som foregår i verden nå.

Hva foregår, da?

Gjenoppvåkningen av menneskene. Flere og flere innser sitt felles ansvar i dette. Det at dere ser deres delte ansvar for dette kommer til å føre til store endringer, snart.

Men den jobben må gjøres som individer, ikke sant?

Mennesker er individer. Når dere innser det, dypt inne, så vil menneskeheten oppstå av seg selv. Når dere oppdager dere selv, vil det føre til at dere oppdager dere selv.

Rar setning, men veldig presis :)

Ja. Den du er kan ikke ses om du ikke er den du er.
Ingen late som. Ingen normal.
Som man er. Ekte.

Ekte uttrykk for menneskelighet.
Ingen ledere, bortsett fra dere alle sammen.

Lederskap er det dere vil lære barna deres i fremtidens skoler. Lederskap gjennom å ta ansvar.

Tusen takk, tusen takk, tusen takk!

Takk til deg også.

Effekt

Hvordan påvirker dette samfunnet?

> *Dypt. Det skaper mye sinne og motstand, som igjen leder til vold.*

På hvilken måte?

> *Straff er ingen god lærer. Det underviser voldelig adferd. Straff er i seg selv "lovlig vold". Det har intet element av å ta ansvar for det som skjedde, i retning av å hjelpe noen til å finne en mer hensiktsmessig måte å løse problemer på. Det peker ikke ut en vei tilbake til samfunnet. Det proklamerer at vold er lovlig under gitte forutsetninger. Det lærer bort at vold kan være et verktøy til å stoppe vold.*

Kan man si at straff lærer opp til mer vold??

> *Helt klart. Å drepe mennesker er ikke på noen måte en hensiktsmessig måte å lære folk at man ikke skal drepe..*

Men bør ikke mennesker ta ansvar for sine egne handlinger?

> *Selvsagt. Det er nettopp det som er utfordringen her: Å gjøre folk ansvarlige i stedet for "skyldige". Den eneste måten å håndtere "skyld" på, er å "ta sin straff". Men det tar ikke på noen måte tak i mangelen på følelse av ansvarlighet. La oss si at du raner en bank og så sitter 15 år i fengsel. Det reparerer ingenting. Det tar ikke bort "skyld". Du vil aldri kunne slå deg til ro med at du "har rettet opp det du gjorde". Du kommer ut av det*

med en følelse av gjeld. Din sinnstilstand tilhører en som "utligner stillingen". Det introduserer deg ikke for en mer ansvarlig måte å håndete problemene dine på.

Hm. Det får meg til å tenke på enkelte urfolk. Jeg har hørt at de håndterer, eller håndterte, slike situasjoner på en helt annen måte?

   Ja. De så en kriminell handling som et symptom på at vedkommende hadde mistet kontakten med kjærligheten i livet. En som slår andre mennesker, har mistet kontakten med sitt egentlige selv. De fokuserte altså på årsaken, og forsøkte å bringe gjerningsmannen tilbake til kjærligheten igjen. Å gjenfinne den de egentlig er; en som ikke river ned, men som bygger opp. De så det som sitt ansvar å bringe vedkommende tilbake til seg selv igjen. De anså at det som hadde skjedd, var et symptom på at de ikke hadde tatt sitt ansvar alvorlig nok, slik at vedkommende ikke falt utenfor gruppen. De så det som om selve årsaken egentlig var at gruppen ikke hadde evnet å favne denne personen.

Så deres behandling var ikke straff?

   Nei. Det var ikke det. Deres behandling handlet om å få personen til å kjenne seg elsket igjen, slik at hans eller hennes virkelige selv igjen vokste frem. En kjærlig person håndterer utfordringer på en annen måte enn en som akkurat har blitt straffet.

   Å se seg selv som ansvarlig, skaper ansvarlighet.

Å komme hjem

Jeg vil gjerne snakke om å komme hjem. For det er slik jeg føler det når du snakker.

>*Å, takk. Vennligst fortsett.*

Det du beskrev i det forrige kapittelet handler om å komme hjem. Ikke til deg, som om det er et sted vi må finne. Oss, når vi ser oss selv som ansvarlige for å bringe vår egen natur frem fra gjemselen. Det er å komme hjem.

>*Ja. Det er Hjemme. Når dere innser at det ikke var noe å bli.*
>
>*Dere har gått dere vill i deres egne tanker. I teorier. Dere har lenge trodd at dere må gjøre om verden - og dere selv - til det dere tenker at det skulle ha vært.*
>
>*Dere har akkurat begynt å oppdage at det ikke er noe å bli til.*
>
>*Din godhet, din ansvarlighet, din kjærlighet - alle dine «gode sider» - er Den Du Er.*
>
>*Du er god, naturlig - uten å anstrenge deg det minste. Din natur er Kjærlighet.*
>
>*Alle de tingene du er redd for, er skapt av tankene dine.*

Det er som om vi har vært så redde for å ikke være gode nok, at vi bestemte oss for å ikke være oss, helt til vi blir gode nok.

>*Akkurat. Dere er så redde for deres egen natur at dere har tenkt opp millioner av grunner til å ikke være De Dere Er.*
>
>*Alt dette er skapt utfra én ting: Deres frykt for dere selv.*
>
>*Det er en illusjon. Den eneste illusjon. Illusjonen om at dere ikke er de dere burde være.*

Dét har skapt alt dette kaoset?

Ja. Deres redsel har skapt alt dette.

Så, i århundrer, årtusener så har det vært slik at alle som noengang har kjent deg, har forsøkt å fortelle oss én ting: «Vær så snill. Ikke vær redde»?

Nettopp.

Jeg har aldri følt meg så lettet som jeg gjør akkurat nå.

Der ser du hva det gjør. Det var aldri noen grunn til å være redd. Når du ser dét- det er da livet begynner.

Så livet har stått på pause, på en måte?

Det har det.

Ansvarlighet

Hvordan tar jeg ansvar?

Fortell meg hva du tenker.

Jeg tenker at det handler om mitt forhold til meg. Deg.

Spot on. Du skjønner, det er ikke mulig å være ansvarlig for noen andre. Det er bare en annen måte å skylde på andre.

Jeg vil altså begynne å være ansvarlig nå med en gang. Hva gjør jeg?

Ingenting.

Ingenting?! Hvordan kan det hjelpe?

Å være naturlig, handler ikke om å gjøre noe. Start med det innlysende: Slutt å gjøre det du gjør. Nå med en gang. Stopp.

Ok. Og så, da?

Alt det du gjorde før, var basert på frykt. Det som gjør at du gjør noe, er at du blir redd for noe. Så det du gjør, er for å sikre deg at dette noe IKKE skjer. Ser du hvordan det ikke nytter? Å gjøre noe for å slutte med å gjøre noe?

Ja, det høres ganske rart ut.

Det er den typen gjøring som foregår nå. Det å gjøre å slutte å gjøre. Det baserer seg på at du er redd for å bare være. Være noe feil.

Hmm. Dette føles som å flyte rundt i et tomt rom. Grensesprengende. Svimlende.

Selvsagt. Egoet som ser seg selv som alt, blir svimmelt av å se at det er ingenting. Det du tror du er, forsvinner. Bokstavelig talt: Blir ingenting. Så klart det er «mindblowing».

Hjernen har blitt brukt til å stoppe livet så lenge, og plutselig har det ingenting å gjøre.

Ja!

Men den har det. Egoet kan være verktøyet som bringer deres/ din natur til Jorden. Det kan være det beste verktøyet: Det som bringer Menneskenes Natur inn i virkeligheten.

Det er ganske viktig, er det ikke?

Jeg vil vel si det? Hjernen er et perfekt verktøy å bruke til å få livet til å se virkelig ut. Den er så perfekt, at den skaper en perfekt illusjon. Illusjoner så perfekte at hele menneskeheten ble fortapt i dem. Det er det mest kraftfulle verktøy du kan tenke deg.

Det SKAPER den fysiske versjonen av Livet. Enten den pittelille fryktbaserte versjonen, eller den Digre Versjonen:

Virkeligheten som blir til Illusjonen. Illusjonen som så perfekt imiterer virkeligheten at virkeligheten er det som oppleves, både fysisk og følelsesmessig, åndelig.

Virkeligheten som igjen blir til Alt-Som-Er.

Hjernen og egoet som blir til Maleren av Virkeligheten?

Ja. Det funker.

Del 3

Den store bevegelsen

I den materialistiske religionen blir mennesker som ser menneskelige behov, utnyttet. De jobber gratis eller nesten gratis: Barnehager, skoler, eldre, helse, renhold, transport.

Mens de som betaler andre for å dekke disse behovene for seg, har langt høyere inntekter.

Hadde de lavtlønte sett at det er dem som er basisen alt er bygget på, ville de ha oppdaget sin egen makt. De «lavere klasser» har all makt. Men de er lært opp til å se seg selv som verdiløse.

Når vi nå oppdager at alle mennesker har samme verdi, vil alle mennesker være nødt til å gjenfinne menneskelige verdier, og stå for dem.

Den egentlige verdi vil igjen komme til syne: Evne til menneskelig kontakt og nærhet.

Og vi er igjen sammen.

Når vi så har gjenvunnet vår evne til å være sammen, vil konseptet «eierskap» opphøre for å erstattes av ressursforvaltning og deling med formålet: Nok til alle.

Deling

Med denne naturligheten som oppstår kommer som naturlig følge at alle ressurser, oppfinnelser og idéer ses på som felles menneskelige verdier. Alle våre oppdagelser innen medisin, teknologi, matproduksjon, vannrensing, kraftproduksjon, husbygging etc. etc. vil deles med hele menneskeheten.

Nothingness

Nothingness is the presence of everything AND that which holds it.

One singular part of everything has been called THE SON. The Everything was referred to as THE FATHER. That which holds it- the space that has room for Everything, was named The Holy Spirit.

The Son is the cell, the Father is the Body, the Spirit is what surrounds it.

The Son and the Father being one and the same- part and whole, the Spirit being the space that holds the relations.

Knowing

We seem to acknowledge knowing as an achievement.

But knowing is easy. Knowing is simply to find the explanation for not seeing anymore.
From which arises the illusion of understanding.

Naturalness

Spirituality is not to achieve. It is to let go. Naturalness is you, not held back by yourself.

Do not learn, teach.
Do not hold, release.
Do not gain, let go.
Do not eat, shit.
Do not repair, love.
Do not control, set free.

Spirit is not a tool. It is you. Who you really are.
The physical is a tool with which the spirit extracts experience from life.

Avvik

Dagens system får mennesker til å avvike fra sin egen vei til seg selv. De spesialiserer seg til å bli to-dimensjonale, og mister med det mesteparten av seg selv. Mennesker trenger å lete etter sin egen unikhet i dette enormt mye større rommet. Det finnes ikke i det lille. Om du tar all plassen i det definerte rommet, er det allikevel bare en brøkdel av rommet som trengs.

Mennesket søker sitt unike, og det finnes i sammensetningen av evner og egenskaper i det udefinerte rommet. Det definerte fellesrommet har ingen av disse bestanddelene.

Når mennesker spesialiseres, mister de kontakten med det HELE. Altså: ALT går tapt. Fordi unikheten ligger i de små valgene i det store spekteret.

Et menneske «shopper» i et varehus fullt av detaljer. Systematiseres de til spesialisering, spiller de ut én ting, hvilket de ikke er. De tvinges til å velge mellom alternativer som alle er umulige.

Deretter starter «kunning» av det de velger, men som ikke er det de er. Og, i tillegg, mye mye mindre.

Re: Illusjonen om forståelse

Når jeg blir forstått, finnes ikke jeg lenger.

I en annens forståelse, blir jeg hennes illusjon.
Som hun er sammen med, som om det var meg.

Dette er det som skjer når mennesker er under andres kontroll.
Siden den som søker kontroll, forsøker å forstå.

Kontroll fanger både den som «ser» og den som blir «sett» i begrensningen til «seerens» forståelse.

I et samfunn som søker kontroll, blir vitenskap det som skaper verktøyene for å styre menneskene inn i et liv inne i illusjonen.

Det er ingen seer. Kun det som ses.

Samme hva du ser på, er det deg du ser.
Alt du opplever, er deg.
Den som ser, opplever og føler, finnes ikke.

Din «kropp» er ikke deg.
Din kropp er verktøyet til
kanvaset
som maler
det sette, opplevde og følte.

Kanvaset er
ingenting
som maler seg selv
uten grunn,

målløst.

Det bare er.
Av seg selv,
bare fordi
det er.

Denne kanvasen
er deg.
Sett gjennom øynene
du tror er dine,
ser du deg.
Det som ses.

Fra Ingenting
kommer Livet.
Og dét er
Deg.

Alenehet

Når jeg nå nærmer meg punktet der min tid her er over for denne gang, så angrer jeg ikke på at jeg ikke har brukt livet til å samle materialistiske eiendeler.

Det eneste jeg beklager, er at jeg ikke har evnet å nå ut forbi den systematiserte ensomheten i verden, med et budskap og en oppskrift for samfølelse og sammen-skap (togetherness).

Det gjør meg trist å tenke på at mine barn vil måtte kjempe videre alene i denne verden som er fortapt i frykten for seg selv.

På dette stedet der alle er alene. Frykt glemmer den egentlige verdien som kan utløses i menneskene: Menneskeheten. OSS, sammen.

Notat til barna i fremtiden

Endelig. Dere trenger ikke være redde lenger. Vi bryr oss igjen.

Verdighet

Jeg ser frem til dagen da uttrykket menneskeverd gjenfinnes i opplevelse, ikke bare huskes som et ord.

Rollespill

Om du spiller en rolle, deler du ut roller til de rundt deg som stemmer med ditt manus.

Du kan ikke lenger se dem som de er.

Fred og ro

Om noen angriper deg med et balltre, blir du lett tvunget inn i rollen som «den angrepne».

Du vil handle ut ifra frykt.

Fred er når mennesker er seg selv, uanstrengt. Ikke-redde.

Fred

Fred kan alltid velges, ved å velge å overse frykt.
    Frykt kan kunnes.
    Fred kan kjennes.

Kjærlighet

Når du kjenner noe «annet» enn kjærlighet, begrenser du din opplevelse ved å tenke på det.

En opplevelse som forblir urørt av ditt sinn, er ganske enkelt bare et uttrykk for en del av kjærligheten. En av bitene som kjærligheten består av.

Se bitene som en del av et større hele, og alt du ser, er kjærligheten uttrykt.

Mer kjærlighet

Vi snakker om kjærligheten som om den har flere versjoner:
Betinget eller ubetinget kjærlighet.

Det er bare det at betinget kjærlighet er en selvmotsigelse. Det kan ikke oppleves, ikke leves.
Betingelser er skapt av sinnets illusjoner. Ubetinget er Kjærlighet.

UBETINGET
=
KJÆRLIGHET.

INGEN BETINGELSER er det samme som KJÆRLIGHET.

Betingelser

Betingelser er et spill.
 Kjærlighet er det som er.

Samvære

Samvære/samhold/samskap (togetherness) forsvinner med betingelser.

Hver eneste tenkelige HVIS skaper alenehet. (Ja, alenehet)

Undre

Livets undre kommer til syne
   når du lar deg undres.

   Så fort du tror at du vet livet,
   forsvinner de.

Undring

Vidunderlig undring (wonderful wondering) er HIMMEL på JORD.
 Begrenset viten er SINNETS STREBEN.

Livets reise

Livet er en underfull reise når du lar reisen lede deg.

Om du prøver å lede reisen, stopper livet og venter.

Anerkjennelse

Når jeg søker anerkjennelse mister jeg min evne til å se andre.

Mitt ego, min dukke som imiterer meg, har ikke evne til å se andre. Anerkjennelse *er* bedømmelse.

Bedømmelse og det å se er to forskjellige fenomener som aldri oppstår samtidig. Det er enten det ene, eller det andre.

Én av delene, siden de egentlig er det samme: Bedømmelse og forståelse er å *delvis se*. Det er en imitasjon av det å se- en begrenset versjon.

Om det å se er kjærlighet, er forståelse en klem.

Coldplay

Coldplay:
   «Just a flock of birds, that´s how you think of love».

Når du kommer Hjem, løftes sløret

Når du kommer Hjem, løftes begrensningens slør. Da kan du se hva kjærlighet egentlig er: Ubegrenset.

Jeg står der og venter, slik at du kan se
at jeg alltid var der og holdt deg i hånden.
Og at jeg aldri noensinne slapp den.

Du vil se at kjærlighet
ikke kan oppnås eller fortjenes.
Det er bare der og er deg.
Det du er, for alltid og bestandig.

Kjærligheten er summen av alt.
Alt annet er ikke alt annet.

Det har aldri vært noe annet.
Ingen steder å dra, ingen steder å komme til.
Du var alltid HER. Ubegrenset. Fri.
Ingen grenser. ALT. KJÆRLIGHET.

Velkommen Hjem.

Anerkjennelse 2

Når jeg søker anerkjennelse, blir jeg den som fortjener.
  Når det så går mennesker som fortjener rundt på jordkloden,
  har det samtidig oppstått «De som ikke fortjener».

Så- å søke anerkjennelse
ER
å skape bedømmelse
ER
å skape manglende evne til kjærlighet.

Du blir blind for bedømmelse,
og mister din evne til empati.

Du er fortapt i ditt eget sinn,
skaper regler for samvære mellom mennesker
og overbeviser deg selv om at du ER de reglene.

Du ser på deg selv som verdiløs,
og at du må KUNNE verdi eller verdighet.
Det du ER, er underordnet,
og derfor usynlig.

Nå

HER, NÅ er ikke så mye,
 oftere er MEG, HER.
 Slik ser det ut:

 MEG
 =HER
 ——————
 =NÅ

Åpen

Slutt å forstå og det er ingen steder å gå.
  Du er framme.

Frykten går i sirkel

Frykt kommer aldri til en konklusjon.
   Frykt kan ikke avslutte seg selv.

   Siden frykt søker avslutningen, søker den seg selv.

Godhet

Hvor god kan jeg være?

Et overflødig spørsmål. Det finnes ikke noe svar. Det er ikke mulig å gradere godhet. Så *god nok* er en illusjon.

Du er enten deg, eller noe annet. Begge deler er like bra. En av de er mindre til nytte, for deg.

Heldige mennesker

Hele vår unaturlige verden er bygget på idéen om at noen må gjøre noe de ikke vil.

Når vi nå noen steder i verden ikke legger merke til det lenger, kaller vi det «å være heldig».

Dommens dag

Når du dømmer noen, ser du det du dømmer.
    Dersom du dømmer noen etter hennes evne til å bake kake,
    vil du aldri oppdage hvor god hun er til å danse..

    Du vil alltid se henne som håpløs til å bake.
    Alle andre ser henne som en ballerina.

Å ofre seg

Om å ofre seg:

    Når du ofrer deg selv, så tror du at du betaler en pris.
    Jeg sier deg: Det er ikke du som betaler prisen.

    Det er den du ofrer deg for, som ender opp med å betale.
    Den dagen du, endelig, begynner å være ærlig.

Synd på

«Det er synd på barn i andre land, som ikke har mat eller foreldre og ikke har det de trenger».

Fordi vi foretrekker å synes synd på, fremfor å dele med dem.

Knapphet

Vi lever med en konstant følelse av knapphet i en verden stappende full av det vi trenger.

Fordi noen rir på ryggene våre og skal ha nesten alt. «Money for nothing- menneskene». De som skal ha mer enn alle andre fordi de har mer enn alle andre.

Livet

Når livet sees fra døden; uten frykt, kan ingenting noen gang bli «feil».

Katastrofer kan bare «skje» med de som med religiøs overbevisning tror på mørket.

Å leve kun for å unngå døden, ER mørket de frykter.

Frykten for at den andre halvdelen, døden, bare er mørke, gjør at vi lever i det mørket mens vi «lever».

Frykt

Vår måte å håndtere frykt på, er å skape mer frykt. Når vi forsøker å late som at det vi er redde for ikke finnes, rømmer vi.

Hadde vi heller møtt vår egen frykt, ville den ha gått i oppløsning.

Kontroll

Når du søker kontroll, blir alt svart eller hvitt. Det er enten rett eller galt. Ingenting i mellom. Alle nyanser forsvinner.

Når du slipper kontrollen, er du at det er nesten uendelig mange flere alternativer.

Markedslov som naturlov.

En verden styrt av markedslover, er et fiendlig miljø for det naturlige: Alt liv påvirkes av det.
 I en verden som ses som et marked, blir alt tilganger eller produkter.

 Og det å være ansvarlig, blir én ting: Å tjene penger.

Marked og korrupsjon

Markedslover kan ikke styre livene våre lenger.

Det er, bokstavelig talt, å begå kollektivt selvmord. Og det startet for tiår, kanskje hundrevis av år siden. Markedslovene har skapt mer lidelse i menneskers liv enn noe annet system.

I tillegg gjør markedets regler demokratiet til en maske. Det undergraver selve kjernen i et demokrati: En person, en stemme.

Markedets Lov er per definisjon korrupsjon.

Systematisert korrupsjon
ER
eierskap over felles ressurser
etter markedets lov.

Er markedslovene derfor FEIL?

Nei. Det er bare ikke ALT. Det er en del av et hele.
Regler for handel og verdibytte kan aldri noensinne erstatte menneskelig verdi eller menneskerettigheter.

Nå gjør det det.

Lederskapsmarked

Lederskap er like korrumpert av markedslovene som alt annet.

Under markedsregler har Lederskap blitt forvandlet til voldsutøvelse.
Markedslovene har gjort Lederskap til utryddelse av mangfoldet.
Markedets lov har gjort Lederskap til uhemmet utnyttelse av mennesker.
Markedslovene har gjort Lederskap til vår store svakhet.
Markedets lover har gjort Lederskap til vårt største hinder på veien tilbake til vår egen natur.

Det er ingen problemstilling som kan løses med vold. For å unngå å kontrolleres av en underliggende trussel om vold, kan vi bare snu ryggen til det. Vi trenger bare å holde opp å være med på det.

Lederskap har ingen makt, dersom det ikke anerkjennes ved menneskenes deltagelse i det.

Hold opp med å være med på det. I virkeligheten er vi vårt eget lederskap.

Det har aldri egentlig vært annerledes.

Det handler om oss

Det har alltid handlet om oss. OSS er de vi har ventet på. Deg. Vi venter på at DU skal være med. At du skal reise deg og telles med.

Vi har alltid ventet på at DU skal innse at dette handler om deg. Det DU er med på, fortsetter. Det du velger å ikke være med på, tar slutt umiddelbart. Vi har ventet på at du skal oppdage din kraft. Du er den kraften vi så lenge har tilskrevet en utenforliggende Gud.

Du slipper løs den kraften ved å bli den du er. Ja. DU er den frelseren vi har ventet på. Vi er våre egne frelsere.

Når du innser det, kan du kjenne hva ordet frihet BETYR.

Verdi på tross av betalingmidler

Vår historie er skapt, og skapes, av mennesker som har oppdaget menneskeverdet. De som ser verdier på tross av betalingsmidler. I en verden der lederskap leder oss inn i betalingsmidler, er menneskeverd kun et fint ord.

Når mennesker med tvang presses inn i et system som tror at regler om betalingsmidler er naturlover, blir menneskene en økonomisk «asset», som verdivurderes i betalingsmiddelverdi. Menneskenes egenverdi forsvinner ut av syne.

Verden er pr. definisjon korrupt, da den er gjennomsyret av pengeverdi. I et korrupt økosystem kan man si at «money talks».

Sivilisasjon

Hele vår sivilisasjon er bygget på én illusjon:
   At vold er makt.

Så lenge vi fortsetter å tro på smerte, vil denne illusjonen kontrollere oss.

Kropp

Jeg er ingen kropp. Jeg er det som bor i og omgir enhver kropp.

Kjærligheten finnes

Det går ikke an å finne kjærlighet. Det kan ikke oppdages.

Kjærlighet er deg. Som du er. Og alt annet, som det er.

Naturen er skaperverket. Naturlig er Natur.

Du er den levende Gud. Om du da ikke tror noe annet. Da begrenser du din opplevelse, og du blir han eller henne som sliter med å bli til Deg. Å streve med å bli til den man er. Ser du humoren i det?

Du er Deg. Så lærer du deg at du ikke skal være det. Det gjør Deg til en uløselig gåte.

Du er ikke et svar på en problemstilling. Du er ALLEREDE deg, så det å <u>vite deg</u> er noe annet.

Å vite Liv er ikke Å Leve.

Det er den andre, begrensede deg som prøver å bli til deg.

Kan kanin

Det var en gang en kanin, som oppdaget at den ikke visste hva kanin var.

Da stoppet den å være kanin,
og ble til «den som ikke kan kanin».

Globalt ansvar

Å ta globalt ansvar, er å være lokal.

Vanskeligheter

Er såkalte vanskeligheter egentlig lette?

Jeg oppdager ofte at vanskeligheter er lett. Det som er vanskelig, er bedømmelsen som følger dem.

«Ikke gyldig»- merkelappen fra mennesker som er fortapt i ting. Som tror at «mange ting» betyr «intelligent». Som tror at utdannelse har noe med intelligens å gjøre.

Utdannelse er lett. Det som krever intelligens, er å se verden i sin sammenheng. Ikke i din.

For enhver pris?

Er det å holde mennesker i live- uansett kostnad- å ivareta verdighet?
 Hva er det egentlig- å bli behandlet som et menneske?

Leve på andre

Du lever på andre. Vi lever alle på hverandre. Og dør.

Klare seg

«Jeg har alltid klart meg selv», sa han og gjorde noe noen ba ham om for å få det han trenger.

Over hvilke lik går du for å «klare deg selv»?

Det jeg søker, er ingen kostnad. I egentlig forstand. Altså at ingen andre må bære meg på sine skuldre.

Verden i dag bæres på skuldrene til dem vi ikke deler med.

For oss er den perfekte verden vi lever i, den der «vi» lever behagelig, fordi «de» ikke fortjener det.

Se noe annet

Å se noe annet, er ikke å se noe annet. Det er å se mer.

Perfekt

Når du oppdager din tro om at du må bli perfekt, så tror du at det er starten på å bli perfekt. At det er en ekte prosess.

Det nærmeste du kan komme i virkeligheten, er å manipulere andre til å tro at du er det.

Illusjoner. Illusjoner.

Slipp det. La det fare. Vær her nå.

Materialisme:

Materialisme: Å få noen til å tro at to teddybjørner gjør dem tryggere enn en.

Død og tilbakekomst

Død. Tilbakekomst.

Illusjonen av kropp går hjem til full vibrasjon. Opplysning. Ser alt igjen. Blir igjen en sentral brikke i ingenting.

Usynlig for øynene som er skapt for å se «det fysiske», men alltid, for evig her.

Leve der livet bor. På innsiden. I hjertene til de som er Tilstede i hjertene sine.

Livet var aldri Fysisk. Livet var aldri kropp. Livet leker kropp, spiller Fysisk. Men lever kun som Det Usynlige.

Å komme hjem til Livet er å ikke dra noe sted. Det er å Være Liv, alltid Her.

HJEMME. FULLT OG HELT.

Tenkt tilfelle

I en tenkt verden er tanker farlige.

Siden vi lever det vi tenker, kan en annerledes tanke endre alt. Den gale tanken kan utslette oss.

Tenker vi.

Tanker og virkelighet

Hadde tanker vært ekte, hvor blir det av Armageddon?

Redd

(Jorden er fanget i en illusjon:)

    Sinnet er veldig veldig redd for Sinnet.
    Selv- sensur.
    Illusjonen som gjemmer Livet for Livet.

Læren

Læren er ikke det som læres.

   Læren er fingeren som peker mot Det som er Levende.

Liv der inne

Livet lever inne i deg. Enten du gjemmer det bort eller ikke.

Om du har det vondt og gjemmer det bort, så har du det allikevel vondt.

Å late som man er Slusen som slipper Elven inn i små porsjoner er merkelig, om man er Elven.

Høst

Fordøyelse av sommer.
    Kjenne på levd liv.

Ikke lenger samle,
men bli næret
av det høstede.

Vente. Strekke seg.
Latskap.

Vinteren venter,
for å starte syklusen på nytt.

Gå dit med åpne øyne.
Sterk og uten nøling.

Ingen frykt.
Kun vinter.

En celle

Du er en celle i min kropp.
    Celler dør, ja- men Livet som holder dem, gjør ikke.

    Du ser deg som cellen.
    Men du er det Livet.

Energi

Min kropp er en struktur laget av celler.

Mitt liv er Lyset, eller Energien,
som holder dem sammen.

Cellene dør
og regenereres
fra den Energien.

Nytenkning

Holder livet deg tilbake fra det du ønsker?
Tenk om igjen om hva det er du ønsker.

Hva

Jeg beholder denne på engelsk.

    Space. That is who you are.
    Silence. Is your language.
    Inner voice. Is where you are going.
    Divinity. is your nature.

    Men prøver å oversette:

    Rom. Det er hvem du er.
    Stillhet. Er ditt språk.
    Indre stemme. Er hvor du er på vei.
    Guddommelighet. Er din natur.

Opplevelse

Livet er den eneste opplevelse.
    Hvorfor lete etter det andre steder?

    Inne i deg er utsiden av deg.
    Rettet mot livet.

    Anerkjenn- nei, VERDSETT det livet.

    Oppdag det som ikke har navn, som ikke kan beskrives. Det alt-inkluderende som rommer det universet som er du ER.

Veien

Veien bæres inne i deg.
    Din egen respekt er alt du trenger for å gå der.

Fred

Blir det noen gang fred, sier du.
    Og ser rundt deg.

    Og overser stedet der uroen oppstår.

    Uroen er det som overses når det forsøker å fange din oppmerksomhet.
    Og når det blir sett, blir uroen til den freden du så inderlig ønsker deg.

Heling

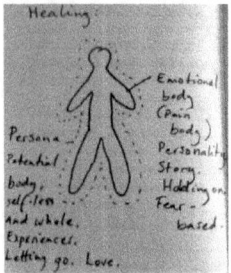

(foto fra notatbok)

Personligheten vil alltid føle seg underlegen. Siden den sammenligner. Ingen kan noengang egentlig være en annen overlegen, fordi «den andre» ER noe «annet».

Slik at når man sammenligner med «en annen», kan du aldri bli til det. Du vil alltid være underlegen sammenlignet med originalen.

Kun når du oppdager ditt ikke-selv (persona), kan du se ditt selv «utenfra». Det har intet å gjøre med «andre».

Helse

Hva ER «helse»? Å være «frisk»?

Sykdom (dis-ease) er et resultat av streben.
Å streve er å forsøke å GJØRE noe du ikke ER.

Streben er elven som forsøker å renne oppover.
Sykdom (dis-ease) er å gå mot sin natur.

Ikke strev. Gå MED livet, med din natur.

Det er alltid mulig å være MED det du opplever. Let etter det. Let etter Harmoni.

«Når du opplever strev, søk å erstatte det med harmoni».

Ingen konsekvenser

Det fysiske er en lekeplass der du kan utforske handling-reaksjon.

Bare ikke bli opphengt i reglene for lekeplassen. Da mister du av syne Livet Som Det Er.

Vær tilstede på lekeplassen, vel vitende om din uskyld.

Lekeplassen er en kirke og et utprøvingssted. Uten konsekvenser.

Gal

Å være gal er den eneste måten å unngå galskap på.
  (Being crazy is the only way to avoid going insane).

Trangt?

Hvordan kan det ha seg at det føles trangere innenfor grensene av ditt hjemland enn det gjør når du er utenlands?
Skulle ikke hjemme føles slik det føles borte, og motsatt?

Du lever i et fritt land. Hvorfor er det da begrensningen du kjenner?

Enkelt sagt

Prosessen er slik:
Når vil du tillate din selv-definerte virkelighet å ha rom for Den Du Egentlig Er?

Dét er opplysthet:
Å ikke skape
Virkelighet
som ikke er
Din Egen.

Og å la alle andre gjøre det samme.

Om du ikke tillater Deg,
vil du, automatisk, heller ikke tillate Andre.

Skapt fra frykt?

Det skapes aldri noe av frykt. Velg frykt, og du står stille.
   Velg frykt, og du får minst mulig ut av det du ønsker deg.
   Velg frykt, og du skaper bare mer frykt.

Tro

Om du tror på det, har ikke noe å si.
    Om du tror på det, har det ingenting å si.
    Prøv det, så forandres alt.

Redsel

Frykt er aldri Sannheten om noe. Det er en mening om det. Virkeligheten er basert på Sannheten. Det er det samme.

Valg

Når du gjør et valg, vær ærlig med deg selv.
 Spør: Er jeg redd, og velger ut ifra det?
 Om du gjør det, si høyt:
 «Jeg er redd for at…., og jeg velger å ta avgjørelsen basert på den frykten».

Virkelig

Virkeligheten er noe vi ER,
    ikke noe vi blir enige om.

    Det skaper bare
    innenfor og utenfor.

Jesus

Jesus sin reise handlet om egoet som sluttet å beskytte Jeg/Meg fra omverdenen,
og i stedet overga seg til kjærligheten og ble verktøyet som bringer Jeg/Meg inn i verden.

Han endte reisen med å si: Det er fullbrakt.
Da veien var gått til sin ende.

Med dette, viste han de ekstreme kreftene som kan utløses av egoet, av frykt.

«Det er fullbrakt».

Ditt ego er ikke ment å være det som beskytter deg mot verden.
Det er verktøyet som overgir seg til å elske deg.

Egoet kan beskytte deg i en fiendtlig verden.
Eller det kan være det verktøyet som gjør deg synlig i en vennlig verden.

Ego i frykt.
Eller ego overgitt til kjærligheten.

Vær så snill

Stol på meg når jeg sier:

    Det er MENINGEN at du skal være deg.

    Når du oppdager det dypt inni deg
    vil du aldri noensinne igjen føle
    at du må rettferdiggjøre deg selv.

Del 4 - for spesielt interesserte?

Vær lyset

Vær lyset for deg selv.

Ja. Lys opp deg selv.

Opplysning er rett og slett Vår Natur, Levende. Haha! Jeg digger dette! Det som skal komme er ikke det som skal komme i det hele tatt! Behovet for å bli til noe oppsto med det illusoriske selvet: Egoet. Identifisering med verktøyet.

Ja. Verktøyet, når det oppdager seg selv som Illusjonen, er tilblivelsen av Mennesket.

Kristus- bevissthet er bare den du naturlig er.
Før alt, er Kristus den du er.

Naturlig er grenseløst

Hva er *å ikke være redd*, om ikke å være redd for å være redd?

    Hva er det man kan IKKE være?

    Du skal ikke drepe
    er ikke
    Du skal være redd for å drepe.

    Det er rett og slett å si din egentlige natur.

    Vær den du virkelig er, og du skal ikke drepe. Prøv det. Jeg utfordrer deg.
    Vær den du virkelig er, og du skal ikke ha andre Guder enn MEG.

    Vær den virkelighet som er levende i deg, og i deg vil du finne at du vil hedre din far og din mor.

    Vær natur, og du vil aldri igjen være syk. Du er kun natur; naturlig prosess.
    Puster inn, puster ut.
    Dør, lever, dør, lever.
    Utvidelse, sammentrekning.
    Evig bevegelse er overalt, besøker alle steder.

    Sykdom blir
    naturlig blir
    ikke motstått blir
    ikke skapt blir til
    ingen teori blir
    Liv.

    Det som er
    har ingen naturlig
    motstand mot

Det som er.

Tenk, og du er innenfor grensene av dine tanker. Vær, og du er grenseløs.

Din væren er Universet.

Illusjonen om forståelse

Illusjonen om Forståelse holder menneskene i slaveriet.

Uansett hva mennesker «tror», så er problemet at de vet.

Det mennesker tror de vet, er det som gir dem tillatelse til å drepe når «det trengs». Å bruke vold når noen tar «feil».

Det er vår egenproklamerte «forståelse» som er den eneste TRO som tillater vold mot andre mennesker.

Vi er så fortapt. Så, så, så, så fortapt i våre egne hoder.

Vår natur er ikke i nærheten.

Forståelse er dødelig

Den eneste tro som er dødelig for mennesker, er troen på Forståelse.

Troen på det at vi vet er det som holder menneskene tilbake.

Uten forståelsesreligiøsiteten hadde det ikke vært noen grunn til det.

Om ikke mennesker ble «brakt til forståelse» med vold, ville det ikke ha vært krig på Jorden.

Ikke engang en eneste diskusjon. Kun utvidende samtale som viser hverandre mer.

Forståelse

Om du tror at du vet, så er du med på det.
 Slipp det du vet, og din Natur vil gjenoppstå uoppfordret.
 Uten din forståelse ville ikke Naturen ha møtt noen motstand i deg.

Hva det å vite ikke kan gjøre

Du kan vite alt som kan vites om sang.
    Det vil ikke gjøre deg til sanger.

Fornuft

Fornuft er livets største hindring. Fornuft er plassert i sinnet. Det er Egoets verktøy. Et fornuftig sinn lever i fortiden.

Er ikke det innlysende? Fornuft er grunnen til at vi står stille, siden det er basert på fortid. Det du allerede har opplevd ER fortiden.

Om du beveger deg gjennom livet og alltid vet hvorfor du velger det du velger, lar du fortiden bestemme over livet ditt.

Å leve ER å ta risiko. Å leve ER å være annerledes enn du tror du skulle.
Å leve ER frihet.

Det som kan forklares, er allerede dødt.

Fornuft og kvantesprang

Dersom verden trenger MER av det som allerede er, er fornuft det som skaper det.

Fornuften tilsier alltid det bestående.

Drømmer/ fantasi/ visjoner er drivkraften dersom man skal skape alternativer til det.

Evolusjon kan trygt plantes med begge ben i kategorien "ufornuftig".

Kvantesprang kjennetegnes ved sin plassering langt utenfor fornuftens rekkevidde.

Egoet trenger utdannelse

Den delen av deg som utdanner seg, er egoet. Det som argumenterer, er egoet. Egoet er den resonnerende delen av deg. Den delen av deg som må bli til noe. Som ikke har noenting til andre.

Ego- identifisering leder til et psykopatisk liv. Når du utdanner egoet blir det som regel verre. Fordi egoet ser utdannelse som intelligens, så ser det menneske med lavere utdannelse som mendre verdt enn seg selv. Det kategoriserer mennesker. Det skaper idéen om «elite». Bare egoet kan skape denne kalde og kyniske verden.

Elite er ikke noe annet enn mennesker som ser seg selv som mer verdifulle enn andre. Og derfor tror de at de har krav på mer enn andre. De har ikke evne til å se at det ikke finnes krav.

Det er det utdannede ego som tror seg å være bedre enn andre. Det er egoet som starter kriger.

Det er de som tror seg å være bedre enn andre som skaper kriger og katastrofer.

Ego er ikke lederskap. Lederskap er ikke ego. Egoet ser etter posisjoner og situasjoner der det kan bli «bedre».

Ego lederskap er grunnen til ondskap på Jorden. Ego lederskap er det motsatte av samskapelse og deling.

Føle eller mene

Han som ikke tør å gå ut i verden i åpenhet,
   vil begynne å mene noe om verden istedenfor.
  Slik at hans meninger blir den verden han kontrollerer,
  og dermed beskytter ham mot det han frykter mest:
  Det å være den han er.

Han som er opptatt av å ikke bli sett

Han som er opptatt av å ikke bli sett
   kan aldri ha suksess.
   For det å bli værende i det skjulte
   gjør livet i ham til taperen.

Hva om vi lager et økonomisk system

Hva om vi lager et økonomisk system
som støtter menneskelige behov,
istedenfor menneskelig grådighet?

Faktisk ganske enkelt å få til.

Det ville ha fokusert på
distribusjon og ressursforvaltning
istedenfor eierskap og forbruk.

Hvordan beseire vold

Hvordan beseire vold?
 Ha ingen frykt i ditt møte med illusjonen om makt.

Hva er guddommelig

Hva er guddommelig?

Er det overnaturlig? Er det spesielt? Er det en gave? Er det en evne?

Nei, det er deg. Akkurat som du er. Naturlig.

Dét er guddommelig, det. Naturlig.

Jeg er ikke i dette livet for å ha rett

Jeg er ikke i dette livet for å ha rett.
 Jeg er her for å være meg.

Jeg er ikke den du tror jeg er

Jeg er ikke den du tror jeg er.
　　Du kan bare se meg når du velger å ikke tro noe.

　　Jeg kan ikke tenkes opp.

Motstand

Jeg tiltrekker motstand.

Det er min oppgave; å oppløse motstand. Den motstanden det unaturlige har mot det naturlige.

Systemet mot Mennesket. Virkelighet kontra Skuespill. Illusjon mot Visdom. Renhet mot Forurensning. Det Levende mot Det Teoretiske.

Noe å dø for?

Jeg kjenner mennesker som sier at de er villige til å dø for landet sitt.

Om de istedenfor ville dø for fred, ville det vært umulig å skape krig. Fordi ingen ville være med på det.

Om du døde for å unngå krig, ville du aldri behøve å dø for landet ditt.

Overgang

I overgangsfasen vil det bli mer og mer tydelig at det du *gjør* ikke vil ha sammenheng med din verdi som menneske.

I dag er det slik at mennesker knytter dette tett. De som ikke har «suksess» leverer ikke noe menneskene «trenger» og blir derfor sett ned på.

Start umiddelbart med å verdsette dem uten «jobb». Om ikke lenge vil det være normen.

Drivkraft

Jeg ønsker at kjærligheten skal være drivkraften i mitt liv.
   Uten betingelser.

Ideologier

Ideologier er øyeblikksbilder på veien
    mot avskaffelse av alle -logier.
    Slik at all bedømmelse opphører
    og vi gjenvinner fokuset på
    den som lever:
    Mennesket.

Verdiskapning

Om det akkurat nå er sånn at det mest verdifulle jeg kan gjøre er å gjøre ingenting, ville du ha betalt meg for det?

La oss si at jeg produserer fattigdom når jeg er på jobb, har det ikke da verdi for verden at jeg bare slutter med det? I stedet for at jeg produserer fattigdom kun fordi jeg får betalt for det, hvorfor ikke betale meg for å IKKE gjøre det mer?

Istedenfor slik det er i dag: Jeg jobber og skaper noe som ingen trenger. Og på fritiden bruker jeg noen av pengene jeg tjener til å betale en eller annen for å hjelpe noen til å fjerne det jeg skaper på jobben?

Fengsel

Om du er redd for å havne i fengsel,
  er du allerede i fengsel.

Konseptet liv

I mange områder av verden er livet erstattet med *konseptualisering av livet.*
    Å observere liv er formålet. Istedenfor å oppleve det.

I dette ligger både kompleksiteten og enkelheten i livet.
I konseptet Liv
er sammenlikninger,
definisjoner
og forventninger
det som foregår.

I opplevelsen av Liv
ligger hva som helst du måtte ønske.

Om du lukker øynene
i en fengselscelle,
kan du være hva du vil.

Om du er fanget i konseptet
istedenfor opplevelsen,
er du uansett fanget
av det som omgir deg.

Investeringer

Om du investerer i det du vet,
  vil du motarbeide alt som senere oppdages.
  Det er klovnens metode,
  selv om det akkurat nå virker som geniets.
  Den som vet er derfor begge.

  Han er det midlertidige geniet som før eller senere blir til klovnen.

Det handler ikke om hva jeg er mot

Det handler ikke om hva jeg er mot.
    Det handler om hva det er jeg vil legge til.

Å vite alt

Det er helt ok å vite alt her i verden.
    Pass bare på at du ikke lager den verdenen.
    For i en verden der du vet alt,
       er det bare plass til deg og de som er som deg.

    Er det rart de andre er litt redde?

Hva ønsker du

De fleste mennesker jeg møter vil ikke ha det de sier at de ønsker seg.
    De ønsker seg bare noe de aldri kan eie:
    Mer.

Motforestillinger

Motforestillinger har aldri skapt morgendagens verden.

Jobb

Å jobbe handler om å tjene penger for noen.

    Grunnen til at jeg gjør det, er fordi jeg er redd for at noen skal ta fra meg det jeg «har».

    Så grunnen til at jeg jobber, er at det er sannsynlig at noen tar fra meg «alt» når jeg slutter.

    Ikke noe tvang, altså.

Idéer og ideologier

Bare de dårligste idéer og ideologier trenger våpen for å spres ut i verden.

De beste idéene sprer seg gjennom jungeltelegrafen, og de implementeres av alle som hører om dem. Frivillig.

Desillusjonert

Mennesker er desillusjonert når de har mistet alle illusjoner.

    Vi bruker begrepet desillusjon om «å ha mistet alt håp».
    Egentlig betyr det å miste alt det falske som blokkerer evnen til å føle håp.

    Å miste illusjoner er å se klart.

Ressursforvaltning

I en verden der «gjennomsnittspersonen» sulter, hadde det vært mulig for oss å gjøre bedre valg i forhold til HVEM som forvalter våre felles ressurser?

Altså- om vi bare hadde valgt mennesker som ikke var drevet av sin egen frykt, så kan det jo hende at metoden hadde blitt en annen enn den nåværende:

En til meg, enda en til til meg, den er til meg, jeg beholder den, kan like gjerne ta den selv, jeg tenker at jeg kan beholde den...?

Mennesker som står trygt i seg selv, har lettere for å dele med amdre.

Anerkjennelse

Å søke godkjenning og ros, er å søke bedømmelse.

Om bedømmelsen er at du er «god» eller «dårlig» har ingenting å si.

Det er uansett ikke DEG.

Fantasi

Ganske ofte hører jeg en merkelig setning: «Men er ikke det bare fantasi?»

Jeg må innrømme at jeg blir litt forvirret. *Bare* fantasi?

Uten fantasi, ville det ikke ha vært noen innovasjon.
Det ville ikke vært noen leker.
Ingen drømmer.
Ingen sport.
Ingen visjonære, ingen kunst, ingen musikk, ingen bøker.
Ingen fotografier, ingen filmer, ingen manuskripter.

Det ville ikke ha vært noen evolusjon.

Uten fantasi ville det ikke ha vært noe LIV.

Så hva er det folk mener når de sier: «Er det ikke BARE fantasi?»

Hjelp

Et spørsmål kan være: Hadde noen hadde trengt hjelp om det ikke hadde vært for alle de som hjelper folk til å få til livet sitt riktig..?

Produktivitet

Politisk korrekte ledere liker ikke grådighet. Men de er selv grådige nok til være de som viser oss veien til grådigheten.
Det løses enkelt ved å omdøpe grådighet til produktivitet.

Hva ER det å tro

Hva ER det å tro?
    Det ER ingenting. Tro ER ikke.

    Noe ER, eller så er det det andre: Noe man tror.

Utfordringen

En enkel utfordring:

Kan vi gjøre det vi gjør, til fordel for alle? Kan vi dele det vi gjør med ALLE?

Eller skal vi fortsette å fôre vår frykt for oss selv med enda flere TING?

Hva velger vi: Kjærlighet, eller frykt?

Om å se

Den dagen min mor døde,
    når det kun var ingenting igjen,
    så skjedde det.

    Hun så ham endelig.

Den lovlydige borger

Jorden er en del av Melkeveien, som igjen er del av universet. Så universets lover er de som Jordkloden opererer etter. Natur. Naturlig lov.

Alle vesener på denne planeten er derfor, *egentlig* styrt av naturlovene.

På denne planeten er det én rase som har glemt bort dette, og har begynt å leve etter en annen lov. Markedsloven.

Problemet er at den loven er direkte motstridende med naturlovene. Naturens lov kan aldri overgår, *egentlig*. Så det som skjer når vi lever etter andre standarder enn de som er gitt av naturen, så kan det kun være midlertidig. Det er ikke mulig å være en del av naturen uten å være på lag med vår natur på lang sikt.

Det er det som skjer på denne planeten nå. Naturlovene forteller oss *veldig tydelig* at de ikke følger markedslover. Vi tillates ikke å leve som om naturlovene ikke eksisterer. Marked er unaturlig.

Markedsloven er 4% vekst. Naturloven sier at intet can vokse evig.
Markedet handler om å forbruke alle ressurser så raskt du kan, slik at de omsettes til penger. Naturloven sier: Vær nøye med å bevare balansen.
Markedsloven sier at mer er bedre. Naturen svarer, bokstavelig, nok er nok.

«Krisen» vi er i, er rett og slett at Naturen ikke lenger kan levere «Marked». Problemet er bare det at siden menneskene er utdannet etter markedslovene, så tror de at krisen er «finansiell».

Det er bare det at krisen er Naturlig. Krisen er fullbyrdelsen av Naturens Lover.

Det er ingen mulighet for at «Markedsstrategi» kan bringe oss tilbake til Naturen. Den eneste veien dit, er å gjøre som alt annet i hele universet: Å leve etter Naturens lov.

Vi har så altfor lenge oppført oss som om vi EIER naturen. At vi KAN eie Jorden. Og Jorden svarer enkelt: På tide å oppdage hvem som eier hvem. Jorden kan ikke fortsette å bli utnyttet lenger. Det er nok nå.

I skrivende stund er det å være «En lovlydig borger» ensbetydende med at du må brute Naturens Lov. Du må bli del av det mot- normale.

Så- mitt spørsmål. Er det ikke på tide at vi får andre dommere i våre rettssystemer? Ut med Markedets justis, og inn med «De Lovlydige Borgere av Naturlovene»? Jeg stemmer for det.

En slaves tenkesett

«Jeg må arbeide for å oppnå noen andres mål,
   slik at jeg kan brødfø min familie.
   Dersom du tar fra meg min evne til å brødfø dem, gjør jeg som du sier.
   Slik at du blir den som brødfør dem i stedet.»

Verden er eid

Så store deler av planeten er allerede eid av noen, at det å late som om det er mulig å vinne eierskap over noe som ikke allerede er eid, er rett og slett latterlig.

Resultatet: Ingen kan lenger eie noe nytt. Slik at uansett hvordan du klarer å få til 4% «vekst», så har du tatt det fra noen.

Bra da, at systemet passer på at det stjeles fra dem som trenger det, og gis til noen som hadde nok fra før de ble født.

Naturligvis vil dette snart bli brakt tilbake i naturlig orden. Det blir snart ingen annen mulighet enn å dele det vi har med hverandre. Jorden har alltid vært, og vil alltid være, det som vi sammen har eierskap over. De som akkurat nå later som noe annet, vil bli sjokkert når virkeligheten treffer dem.

Fra den dagen vil vi innse at å konkurrere med hverandre om eierskap var selve misforståelsen som skapte illusjonen om at vi er separate fra hverandre. Det blir synlig for alle at vi er i samme båt, alle sammen. En for alle, alle for en.

Og på den måten blir VI det nye MEG.

Det er ingenting å gjøre opp for.

Det er ingenting å gjøre opp for.
   Noengang.

   There is nothing to make up for.
   Ever.

Kvitt deg med teorien

Kast alt det du tror at du tror på. Det er bare i veien. Når du har kvittet deg med alt det du tror, vil du snart begynne å legge merke til den virkeligheten du LEVER.

Da vil du se hva som SKAPER virkeligheten. Da kan du begynne å finne tillit til den som lever: MEG.

Du har kommet frem:
«Du skal ikke ha andre Guder enn MEG».

Slipp

På tide å gi slipp.
 Ikke lenger forsøke å få andre til å gi slipp på seg selv for å bli til det jeg tror at de skal bli.

 Men at jeg slipper mitt selvskapte bilde av mitt eget selv, slik at jeg blir til meg.

 Bildet handlet om at jeg skulle endre de andre. Men bildet var ikke fra meg. Det var til meg.

Ofring

Når jeg ikke er villig til å ofre alt, blir jeg en slave på grunn av det jeg ikke vil ofre.

Livet er, når alt kommer til alt og intet offer er for stort, det som står igjen.

Overgi deg, og Livet er alt som er.

Budskap

«Hva er ditt budskap?» Et spørsmål jeg får jevnlig.

Svaret er enkelt: Jeg har intet budskap. Jeg ER budskapet, allerede levert. Og du er det samme. Det er intet budskap. Det er bare oss.

Det er intet å oppnå, intet å finne ut av. "Den andre siden" er: HER. OSS. NÅ. Uttrykt i fysisk form. Ferdig vare. Levert til perfekt tid og sted. Alltid.

Gå ingen steder, og du er der du er.

Bruksområder for verdiløse mennesker

Mennesker som ser seg selv som verdiløse er fyllmassen som skaper kriger. Denne følelsen av verdiløshet ligger bak politikk. Organisasjoner. Talsmenn. Representanter. Diktatur forkledd som demokrati.

Det trengs stemmekveg for å skape nazisme, kommunisme, religioner, kapitalisme, styrerom, eierskap, kriminalitet, fattigdom.

Verdiløse mennesker er blinde mennesker. De tenker om seg selv som verdifulle når de har mer enn andre. Og ser ikke at de med det skaper skjevhet. De mister menneskeverd av syne, siden de er overbevist om at det ikke eksisterer. De har ingen verdi selv, og må søke statussymboler for å oppnå verdi. Den som gir dem disse statussymbolene, er den som får deres stemme.

Motgiften mot alt dette, er at menneskene oppdager sin egen ubegrensede verdi. Sin unike gave. Seg selv.

Litt mer om verdiløshet

Til slutt ender den opp med å kun ha tilgang til én del av seg selv- den samme delen som står bak unaturligheten. Egoet. Den som vet. Tankemesteren. Kunnskapstørsteren. Professoren som vet liv istedet for å leve. Unaturlighet i sin mest begrensende versjon. Det jeg ikke vet, finnes ikke. Den omvendte evolusjon- verden blir til det jeg kan.

«Saying it wrong, is better than not saying it.»

«Når noen annen enn deg definerer verdi for deg, det er da du inngår avtalen om å bli verdiløs.»

Mennesker som er verdiløse, er følelsesløse. De aner ikke hva de er med på.

Vi er de heldige

Når vi snakker om å være blant de heldige - «vi er så heldige vi , som har det så bra» - så er det en grov tilsnikelse. Vi er ikke heldige. Vi er kontrollerende.

Vi rigget systemet slik at vi alltid vinner. Det er oss som skaper «mindre priviligert». Vi overkjører, og kaller det å være heldige.

Som en voldelig kvinnemishandler som sier han er «en av de heldige som har sex hele tiden».

Ja. Det er grotesk.

www.ingramcontent.com/pod-product-compliance
Lightning Source LLC
Chambersburg PA
CBHW071957240426
43669CB00049B/2685